国家出版基金项目
NATIONAL PUBLICATION FOUNDATION

沈兼士◎著

右文說在訓詁學上之沿革及其推闡

山西出版傳媒集團
山西人民出版社

圖書在版編目(CIP)數據

右文説在訓詁學上之沿革及其推闡 / 沈兼士著 ·－太原：山西人民出版社，2014.12
(近代名家散佚學術著作叢刊 / 許嘉璐主編)
ISBN 978-7-203-08792-2

Ⅰ.①右… Ⅱ.①沈… Ⅲ.①訓詁－研究
Ⅳ.①H13

中國版本圖書館CIP數據核字(2015)第047004號

右文説在訓詁學上之沿革及其推闡

主　　編　許嘉璐
著　　者　沈兼士
責任編輯　梁晉華
助理編輯　張　潔

出 版 者　山西出版傳媒集團·山西人民出版社
地　　址　太原市建設南路21號
郵　　編　030012
發行營銷　0351－4922220　4955996　4956039
　　　　　0351－4922127(傳真)　4956038(郵購)
E－mail　sxskcb@163.com　發行部
　　　　　sxskcb@126.com　總編室
網　　址　www.sxskcb.com

經 銷 者　山西出版傳媒集團·山西人民出版社
承 印 廠　山西出版傳媒集團·山西人民印刷有限責任公司

開　　本　700mm×970mm　1/16
印　　張　6.25
字　　數　93千字
印　　數　1—3000册
版　　次　2014年12月　第一版
印　　次　2014年12月　第一次印刷
書　　號　ISBN 978-7-203-08792-2
定　　價　15.00圓

《近代名家散佚學術著作叢刊》編委會

出版說明

《近代名家散佚學術著作叢刊》選取一九四九年以後未再刊行之近代名家學術著作共一百二十册，編例如次：

一、本叢書遴選之著作在相關學術領域具有一定的代表性，在學術研究方向、方法上獨具特色。

二、爲避免重新排印時出錯，本叢書原本原貌影印出版。影印之底本皆經專家組審定，原書字體大小，排版格式均未做大的改變，原書之序言、附注皆予保留。

三、本叢書分爲八大類，以作者生卒年編次。

四、爲使叢書體例一致，本叢書前言後記均采用繁體字排版。

五、個别頁碼較少的版本，爲方便裝幀和閱讀，進行了合訂。

六、少數學術著作原書内容有個别破損之處，編者以不改變版本内容爲前提，部分進行修補，難以修復之處保留缺損原狀。

七、原版書中個别錯訛之處，皆照原樣影印，未做修改。

八、所選版本之抽印本頁碼標注，起始至所終頁碼均照原樣影印，未重新編排標注新頁碼。

由於叢書規模較大，不足之處，殷切期待方家指正。

—總 序—

披沙瀝金，以爲鏡鑒

◇ 許嘉璐

多年來有一個問題始終在我腦中盤桓：爲什麽在十九世紀末到二十世紀初，在短短的幾十年裏，中國的各個學術領域竟涌現了那麽多大師級的人物？這是中國近代史上一個極爲重要的現象，我認爲，如果不能給出令人滿意的答案，我們撰寫的近代學術史將是不完整的，甚至是缺乏靈魂的。後來我知道，著名人類學家克羅伯曾提出過一個問題：爲什麽天才成群地來？看來這種現象的出現並非中國所獨有，思考其所以然的也大有人在。而在那一次世紀之交中國的情况，似乎應驗了“天才成群地來”這個令克氏久久不解的疑問。錢學森先生曾從相反的方向提出了相同的疑問：爲什麽我們這個時代出現不了杰出人才？後來人們稱這個問題爲“錢學森之謎”。

要回答這些疑問不是件容易的事。與其迅速地囫圇地探尋，不如先多了解那些讓中國近代學術（應該包括人文科學和自然科學）史上閃耀着光輝的大師們的作品和自述，從而在腦海里盡量“復原”他們所處的環境和在那種環境下的心理路徑，從中或許可以得到一些啓示。

有一點是顯然的，這就是他們雖然都已遠離塵世而去，但是他們獨立思考的品性、求知治學的真誠、困厄窮愁中對節操的堅守，恐怕是他們共同的主觀因素，一直影響到現在，而且將會永遠留存下去。

就思想界、學術界而言，二十世紀上半葉是一個新説和舊説碰撞，中學和西學融匯的大時代。那時的學人極爲重視言行操守，同時具備現代知識分子的理想信念；他們的學術研究十分純净，絶少功利因素；他們的視界開闊，以包容的心態和嚴謹的風格造就了成果的大氣與厚重。至於在客觀因素一面，他們實際是在用工業化時代的事實解説着太史公所説的名山之作"大抵聖賢發憤之所爲作"，困厄苦難使得他們"皆意有所鬱結"。這種鬱結，幾乎和個人的名利毫無牽涉，他們永遠不能釋懷的，是民族的存亡、國運的興衰、民衆的福禍和文脈的續斷。

那個時代也是近代歷史上最大規模的中西古今學術調適、創新的時期，學術方法上的交互滲透和融合、創新亦可謂"於斯爲盛"。斯時之學人是要在封閉的屋墻上鑿出窗子的勇士，是使人能够看看外部世界的第一批導夫先路者；或者可以説，他們是在"意有所鬱結"時"彷徨"和"吶喊"的"狂人"。

相對於那時的哲人們，後來者是幸運兒。現在的形勢是，近三十年來學界空前繁榮，衆多學科有了長足之進，其中很重要的一點是學界有了更新穎、更廣闊的國際視野，似乎接續上了百年前的學壇盛事。但細想想，"古"與"今"還是有差别的。其异，主要不在於世界情勢、學術進展、工具改善這些客觀存在，而在於在廣泛吸收各國優長的同時，自身文化的主體性越來越受到重視，换言之，"拿來主義"已經延長了"拿來"的程序，加上了試用、甄别、篩選、吸收、融合、成長。就我孤陋所見，在當今地球上，面向所有異質文明，努力汲取我之所缺，其範圍之大和心態之切，似乎無出中國之右者。從這個角度説，我們已經超越了前輩。但是事情還有另外一面，學術，特别是人文學科，其職業化、"沙龍化"和功利性，以及隨之而來的浮躁病却嚴重了。從這個角度説，是不是我們已經後退得够可以的了？而這是不是我們這個時代出不了大師的原因之一呢？

民國學術界的特點之一是極爲注重對傳統的反省、批判與繼承。他們對傳統文化盡最大的努力進行整理和研究。一方面，由於戰亂頻仍，民不聊生，學者們擔起了讓中華文化薪火相傳的歷史責任；另一方面，他們要通過對中國傳統文化的整理、挖掘來重振民族自信心。這一時期對傳統文化進行整理的全面而深入是前所未有的，舉凡文字學、語言學、經濟學、法學、哲學、政治制度、書法繪畫、金石學……規模之宏大，研究之精微，令人嘆爲觀止。

民國學術推動了現代學科體系的建立。在對傳統文化整理和研究的基礎上，吸收西方的文化思想和理念，推動和建立了中國現代學科體系。例如，在對語言文字和音韵學成果進行整理、研究的基礎上開始着手規範之，建立了國語學；深入研究書法、國畫，將其融入了現代美術學科；在廢除舊有學制後逐步建立起小、中、大學較完整的科目和學科體系。

民國學術也改變了傳統學術方式，建立了新的研究範式。以現代科學考古爲發端，科研的實踐和成果使中國知識界真正認識到在實驗、比較基礎上的邏輯分析對學術研究的重要，推進了中國學術的一大演變。至於我們常説的打破士大夫傳統、走出書齋到田野鄉村和市民中進行調查研究、結束了經學時代、以歷史眼光檢視儒學和諸子等等，都是確立新學術範式的努力。這一轉變，也標誌着中國學術界脱胎换骨，全面進入了現代，爲此後的學術發展奠定了堅實的基礎。當然，西方啓蒙運動以來，在“現代性”和“現代化”裹潛伏着的缺陷和謬誤也傳到了中國，這些不能不在前哲的著作裹留下痕迹。這並不奇怪。類似的情況，古往今來孰能免之？猶如今天的我們，誰敢自稱我之所見就是永恒的真理？在這個問題上兩個時代所異者，或許就在昔時大家創立新説或譯註西學著作，往往是懷着對學術和前哲的敬畏而爲之，故而常常誤不在我；當今則往往出於對學問和他人的輕蔑，或以所研究的對象爲謀己的工具，因而難辭主觀之咎吧。翻閲他們的心血之作，這些復雜的狀況可以顯見，可以視之爲我們的一面鏡子。

滄海桑田，世事變幻，歷史的動盪和時代的遮蔽，使當年許多大師的一些極有價值的學術著作被棄於故紙堆中，不能不令人有遺珠之憾。爲此，山西人民出版社不惜以數年之艱辛，披沙瀝金，編輯出版這套《近代名家散佚學術著作叢刊》，凡一百二十册，計文學、史學、政治與法律、美學與文藝理論、民族風俗、宗教與哲學、經濟、語言文獻共八大類别。所選皆爲作者之純學術著作，無論是其見解、精神，抑或是其時代烙印，都是後輩學人可資借鑒的寶貴財富。他們出版這套叢書，意在讓世人不忘來程，知篳路藍縷之不易，爲民族文化的傳承再增薪木。

出版社的初衷，與我近年來所思所慮近似，故願略述淺見於書端，以與策劃者、編輯者和讀者共勉。

二〇一四年七月六日

改定於自安東回京途中

—前　言—

二十世纪学术大厦散落的珍贵基石

◇ 李明君

二十世紀前期，注定是中國學術研究跨入現代科學發展風雲際會的時代，它基本上奠定了本世紀學術大厦的基礎。

進入二十一世紀後，當我們站在輝煌學術大厦的頂端，躊躇滿志地回眸近百年學術成果的時候，在大厦的上空，似乎迴旋着一種久已消逝的聲音；在大厦的背後，似乎散落着一些久已塵封的基石——它們，便是一些散佚的二十世紀前期的學術著作。這些在當時乃至後來都產生過重大影響的名家學術著作，一九四九年以後，基本上没有在大陸再版，因而逐漸沉没在忘卻的海洋裏。

七八十年之後，當我們拂去灰塵，重新審視這些散佚的學術著作時，才發現它們的價值是如此的珍貴，成果是如此的豐厚，研究是如此的深入，而傾注的情感又是那麽的深沉。重讀這些經典，仿佛是聆聽這些儒雅的學者給我們講述民國學術的蹉跎歲月，喚醒了我們久已淡忘的歷史記憶。

一、西學東漸與承前啓後

二十世紀前期，西風東漸，中西文化交流擴大，新知識、新觀念大量涌入我國。倡導科學精神與采用科學研究方法，不僅衝擊了中國原有的知識體系和思想觀念，更爲現代學術思想的更新和研究拓展了空間。

這一時期的學術研究集中地體現在繼承、清理傳統學術的“承續先哲將墜之業”和“開拓學術之區宇，補前修所未逮”（ 陳寅恪《王静安先生遺書·序》）兩個方面。學者們既是傳統學術的繼承者，又是現代學術的開拓者。

二、清理拓荒與學術奠基

辛亥革命之後，社會文明進步，文化教育普及，學術研究也力求使高深的學問向普及的大衆化知識轉化。故而，其時以基礎的和通論性的著作爲多見。

例如，邵鳴九的《國音沿革六講》、胡以魯的《國語學草創》、羅常培的《國音字母演進史》、吴貫因的《中國文字之起源及變遷》以及王力的《漢字改革》等即屬此類。

而論點集中的專題性論著，如王力的《南北朝詩人用韵考》、王光祈的《中國詩詞曲之輕重律》、白滌洲《關中入聲之變化》等，則以其研究深入和範疇擴展而更有價值。

這些學人以杰出的膽略、識見、才華，以及對本學科知識的通體了解，破除成見，大膽創新，開創了二十世紀學術發展的新局面。

三、學出多門與新式教育

這些學者們知識豐厚，見解獨到，憑藉着傳統文化的根底和新鋭的西方現代學術觀念，意氣風發地縱横文壇，在多個領域都有建樹。

他們大多具備深厚的國學修養：如夏敬觀爲清光緒年舉人，工詩善詞，兼治經學。盧冀野是曲學大師吴梅的門生，錢玄同爲國學大師章太炎的弟子。

而新式的學校教育和出國留學則直接學習西方科學的理論和方法，爲中國的學術研究注入了新的活力。

本編的作者們大多留學於歐美東洋，有過親炙現代學術導師和受現代學術訓練的經歷。如沈兼士、胡以魯、吴貫因等曾留學日本，王力留學法國，周傳儒有過英國劍橋、德國柏林大學的求學經歷，而王光祈則客居德國十多年，於政治經濟學與音樂學多有研究。

這些學者們歸國以後，或執教於高等學府教書育人，或投身於科研機構潛心工作，爲以後的著書立説進行知識的儲備。

本編中周傳儒、羅常培、顧實的著作即是在大學講義的基礎上創作的，白滌洲的《關中入聲之變化》也是在陝西關中四十二縣方言調查的基礎上撰成的。由於這些著作經過教學實踐和實地考察，因而研究成果扎實，學術含量深厚。

本編不少作者除音韵研究術有專攻之外：邵鳴九在傳統經學、幼兒教育、日本教育、地方行政教育、院校學科管理方面著述甚多；王光祈有音樂、戲劇、美術、國防、外交、政治方面的譯作論著幾十種；盧冀野於古代戲曲、詞曲、詩歌、小説、散曲、舊體詩等方面也著述豐厚。

民國學者知識廣博，師出多門，不囿一業，是一種非常普遍的現象。

四、資料功夫與科學解釋

王國維先生曾説："古來新學問起，大都由於新發見。"（王國維《最近二三十年中中國新發見之學問》）掌握新資料，采用現代科學理論研究新問題，是二十世紀前期學術研究的鮮明特點。

民國初年，地不愛寶，考古新材料如殷墟甲骨、敦煌遺書、西陲簡牘相繼出現，爲現代學術研究提供了豐富的資料基礎。學者們充分利用考古新資料和西方現代音韵學研究的理論及方法，使語言文獻學的研究得到長足的發展。

例如，周傳儒的《甲骨文字與殷商制度》就利用了殷墟考古出土的甲骨文資料，魏建功的《十韻彙匯編資料補並釋》則利用了國内外的敦煌石窟、高昌古城發現的古韵書新資料。

而胡以魯采用現代人類學、心理學、生理學理論對語言的發生、變化以及口舌發音的科學解釋，王光祈將我國"平聲"之字與近代西洋語言之"重音"與古希臘文字之"長音"的比較，以及白滌洲采用幾十幅圖表反映關中方言入聲變化規律的研究，都令人耳目一新。

這些學者們在研究問題時采用的資料之豐富、理論之新穎、考察範圍之廣袤、考釋方法之縝密，都是傳統研究者所難以達到的。

五、良好的學術環境與端正的學術風氣

經過了六七十年的時空距離，我們似乎不得不承認一九二七年至一九三七年的這十年，雖然社會動盪、戰亂時起，但卻是中國學術發展環境、學者精神狀態與物質待遇都相對優越的年代。這十年間，中外學術交流頻繁，科學研究興盛，學術成果豐碩。本編作品，基本上都撰成或出版於這十年。

這期間學術研究的繁榮與發展主要表現在以下諸方面：

（一）前輩學者對新學者的推崇獎掖

民國初期，前輩學者對青年學子的獎掖成爲風氣：梁啓超就盛贊清華國學院學生王力的《中國古文法》爲“精思妙悟，可爲斯學辟一新途徑”。章太炎也稱譽胡以魯的新著爲“精微畢輸，黄中通理，其用心可謂周矣”（章炳麟《國語學草創》序)。而當時的胡以魯才僅僅是個留日歸國的本科學士。

（二）學術觀點表達自由，學術争論視爲雅事

學術争論是提高保持學術活力、學術質量，維護學術尊嚴的重要形式。學術争論提倡百家争鳴，以理服人。

學者周祖謨針對音韵學研究中固守舊説的現象，認爲“學者求知，貴得其真，豈可專己守殘，隨聲附和”（周祖謨《古音有無上去二聲辨·字辨第五》)。顧實也以“發明古籍之奥藴，是正世儒之訛謬”（《重考古今僞書考·蔣維喬序》)的膽略，重考清代辨僞名著《古今僞書考》。

學者邵鳴九針對有人視唐代三十六字母與北宋《廣韵》爲金科玉律的觀點，風趣地説：從周到秦“若説這一千年之中，標準音一些也没有變，姬昌和嬴政竟可促膝而談，相説以解，恐怕没有這種情理”（邵鳴九《國音沿革六講》)。

那個時候，不僅學術評價實事求是，而且學者之間相互尊敬，有着良好的學

術氛圍。

例如，沈兼士就“極爲感謝”李方桂、林語堂、魏建功等人對其“右文説”的專函討論，認爲“諸説均足訂補鄙見之不足”（沈兼士《右文説在訓詁學上之沿革及推闡》附識），體現了一種學人的雅量。

吴貫因針對拼音字母必將取代漢字的時論，力排衆議，認爲“全廢漢字，前途尚覺遼遠”（吴貫因《中國文字之起源及變遷》）。現代漢字發展證明他的預見是正確的。

（三）學風嚴謹，資料來源清楚

嚴謹的學風與註明資料來源，是學術品德高尚的表現。白滌洲在著作中附録的《關中入聲變讀聲調譜部首索引》，是自古以來傳統文獻所鮮見，而現代學術著作不可或缺的書籍檢索構成。

魏建功、邵鳴九、王力等學者在引用他人論述時，均説明來源，標明作者的時代、書名、篇章，對引文亦如實迻録，低兩格排印，以示鄭重。既不掠人之美，又無曲解原義。

（四）學風端正，著述言簡意賅

本文作者曾經統計了語言文字編的八九本著作的頁碼與字數：其中頁碼最多、書籍最厚者是胡以魯的《國語學草創》，一百四十七頁，頁碼最少、書籍最薄者爲王光祈的《中國詩詞曲之輕重律》僅四十一頁；而書籍字數最多者爲七萬三千多，最少者則不足二萬。

雖然這些書籍都很薄，但在撰寫中卻用力甚勤：學術内容豐厚，書籍章節完備，文字表述精準，毫無浮滑不實的繁言蔓詞和故作深奥的賣弄之嫌。

面對這些沉甸甸的精深之作，反觀時下動輒幾十萬言的“皇皇巨著”，學術水平的高下自然不難判斷。

六、憂患意識與書生報國

“位卑未敢忘憂國”這種偉大的愛國情懷，每當國家危難之時，無論在傳統文人還是在現代知識分子身上都表現得那麼深沉。

的確，在國難之時，挺身而出，積極參與，是一種非常可敬的愛國行爲。即如《中國詩詞曲之輕重律》的著者王光祈，就積極參加過四川的保路運動和北京的“五四”遊行、籌辦過“少年中國學會”，是一位熱情的社會活動家。《廣中原音韵小令定格》的著者盧冀野，抗戰期間創作的《中興鼓吹》曾分贈前綫將士，起到了鼓舞士氣的作用。

然而，就知識分子群體來説，絶大多數人則不可能奔赴疆場，那麽像明末清初的“易堂九子”那樣，“兄弟戚友保聚一地，相與從容講文論學於乾撼坤岌之際”（陳寅恪《贈蔣秉南序》），就是一種更爲深重地延續文脈、保存國粹的愛國行爲。即如抗戰期間的西南聯大、中央研究院的學者們，在艱苦的條件下，或考察研究，或教學著述，無疑是一種文人的報國方式。

學者王力就將做學問與抗戰聯繫起來，他説：“前方將士正在浴血苦戰的時候，我們這班文人還安享着國家的俸給，清夜捫心，實在慚愧。若對於國家當前的問題，也不肯本平日所學，貢獻所知，則國家養士何用?”（王力《漢字改革·自序》）知識分子的愛國真情表露無遺。

而像劉半農那樣在考察方言途中染病逝世，像白滌洲那樣，在家中連喪五位親人之後還忍痛遠赴西北進行考察，不久也因病而逝的報國行爲，就更加感人至深，令人嘘唏。

書生報國，鞠躬盡瘁，死而無悔，是那一代知識分子共同的情操。

七、結集出版與刊物發表

出版印刷的興盛爲二十世紀前期的學術繁榮做出了突出的貢獻。民國時期許多優秀的學者如張元濟、高夢旦、王雲五等相繼入主出版，更多的學者如胡適、胡愈之、沈雁冰、葉聖陶等參與編輯。他們氣度豁達，慧眼識珠，出版專著，創辦刊物，編纂文庫，結集叢書，使許多學術新見解和研究新成果得到了及時、多元的表達，加速了學術研究的發展與傳播。

本編的著作大多初版即爲專著。也有一些學者如沈兼士、王力、周祖謨、白滌洲等的著述卻是先發表於刊物，後來才抽印成專著的。這些抽印本有過學術討論的積澱，水平自然可嘉。

二十世紀初，雖然白話文與新式標點曾遭到激烈反對，但它們還是以明了通暢的形式佔據了民國文本形式的主流。本編的作者們大都能較熟練地運用白話文進行寫作，有時“因欲與引证文字相符合”，而不得已采用文言文時還特地加以説明（邵鳴九《國語學沿革六講·例言》）。這種爲讀者着想的方法無疑促進了中國學術由高深奥妙向大衆“公器”的轉變。

民國書刊的排列雖因時代新舊交替而横、竪并存，但統一采用新式標點符號，則是學者們引領潮流，與時俱進思想的表現。

撫今追昔，當我們掀開這些泛黄的書頁，看着似曾相識的繁體字，竟萌生出一種撫摸民國學術體温的感動。

他們的貢獻無愧於那個時代，

他們的著作堪稱爲學術經典。

是以爲序。

二〇一四年五月十五日於三亞學院

作者簡介

沈兼士（一八八七年——一九四七年），吴興（今浙江湖州）人，中國語言文字學家、文獻檔案學家、教育學家。曾與其兄沈士遠、沈尹默同在省立一中、北大任教，有“北大三沈”之稱，爲中國新詩倡導者之一。他一生致力于語言文字研究，建立了語根字族之學。曾主持故宫博物院文獻館，整理清代遺留歷史檔案，爲學術界開風氣之先。

右文說在訓詁學上之沿革及其推闡

沈　兼　士

目　　錄

一　引論

近二十年來文字學頗見發展，研究古韵者多能應用發音學之理論以解決聲紐與韵部之疑難，研究字形者多能利用古器遺文以推尋原始象形文之眞相，其成績均大有可觀。獨於訓詁方面似尙少論列者。余不自揣淺陋，輒欲有所窺測，以拾遺補闕。

自來學者對於許愼說文之態度，約分兩派：尊之者謂其得頡誦眞傳，其字，本字也；其義，本義也。懸之國門，殆若勿能一字增減。斯說之不當，今已知之矣（說文非原始象形文字，孫詒讓名原始張目言之，至指斥其說解非盡本義，余別有文論之）。毀之者謂其爲「鄉壁虛造」。如欲「覩古人之象」，則有傳世之甲骨卜辭鼎彝刻銘在，此直以之覆醬瓿可耳。余謂爲此說者，其不知說文之眞價值，不能利用其材料以研究文字訓詁變遷之消息，亦與前說等耳。

蓋中國文字演進之程序，有二階段：先爲意符字——象形，指事，會意，後爲音符字——形聲，轉注，假借。說文所敍，前者僅少數，後者乃得十之七八。換言之即三代之意符文字雖少，而晚周秦漢以來之音符文字，獨以之爲總龜。曩者過尊說文謂其獨傳倉史之文固非，今乃矯枉過正，並其可信者而亦敝屣棄之，豈非至可惜之事耶！斯編所論，即將利用說文中多數音符字及宋代學者所倡之右文說（形聲字不僅聲母在右，謂之右文，本不甚洽，今姑仍之，取其爲熟語易曉耳，）以試探中國文字孳乳，及語言分化之形式。至於字義之本借，聲訓之利弊，得此亦足以定其從違，決其是非。

或謂宋人之說小學至無足取，此清代漢學家家法門戶之見耳。其實宋代政治家之於經濟制度，社會政策，學者之於形而上之哲學，形而下之科學，均有相當的收獲與貢獻。茲第論其與小學有關者如吳棫之韻補，王俅之嘯堂集古錄，薛尙功之歷代鐘鼎彝器款識法帖，王子韶之右文說，於古韻學，古文字學，訓詁學皆有開山之功。即如郭忠恕之汗簡，其材料方法雖無可取，然其動機蓋欲補說文中古文之不足，固不能不目爲說文古籀補之濫觴。故余謂以學術史的眼光視宋人學說，固亦有其價值，未可厚非也。

又古代聲訓之書，首推白虎通釋名而說文次之。其它經典注疏之中亦往往而有。至於右文，則自宋人始倡其說。清儒之論訓詁者雖屢經道及，然尙無專著討論之者。此余本編之所由作也。雖然，猶有三事，亦爲急務：（1）段注說文關於右文諸條僅發其凡，不遑舉證。王疏廣雅，較詳於段，然亦拘於當書體裁，未能徧徵諸例，貫串證發。今當彙選清儒經解小學諸書材料，爲之排比系聯，充類至盡，勒成專書，用以示右文學說之實例，此一事也。（2）清錢塘欲「取說文離析合併，重立部首，系之以聲。而采經傳訓詁及九流百氏之語以證焉」，惜其書未成。它家如說文聲系等書，其目的祇在分別古韻部居。即朱氏之通訓定聲，亦與右文無直接之關係。今當略師錢氏之意，自說文以降玉篇廣韻類篇集韻之字，概依右文之定律，據聲系字，逐字標義，諸義引伸，又須考訂時代，次列先後，以爲右文史料之長編，此又一事也。（3）古代聲訓，條件太簡，故其流弊，易涉傅會。矯正之方，端在右文。其例於本編中已略爲舉證。蓋比較字形之學，自王筠吳大澂以來已導夫先路。而比較訓詁之學竊謂亦宜急起爲之。顧比較之先，必須豫立標準。今當廣采訓詁之異說歧出者，以右文之律，衡其優劣長短，庶幾衆議紛紜，有所折斷，此又一事也。之三事者，論體雖裁制各異，言用則消息互通。於考訂中國語言之發展，文字之孳乳，訓詁之流變，均有極重要之關係。換言之，即異日之中國大字典必須建設於此基礎之上，而後於事有濟。然其事艱且鉅，未能咄嗟急就。茲姑先述右文說之導源及歷史，次采輯近代各家學說之合於右文者，間加批評，終申鄙見，略推闡其理論與應用，以示鑿楯之意云爾。

二 聲訓與右文

文字爲語言之符，語言不能無變化，斯文字不能無訓詁。語言之變化約有二端：（一）由語根生出分化語，（二）因時間或空間的變動發生之轉語。二者多依雙聲疊韵爲其變化之軌迹，故訓詁之道亦應以音爲樞紐，此訓詁家之所以重聲訓也。其例蓋有三：

易序卦：「蒙者，蒙也；比者，比也。」孟子言賦制曰：「徹者，徹也。」此以本字釋本字者也。

易說卦：「乾，健也；坤，順也。」小戴記：「仁者，人也；義者，宜也。」此以音近字釋之者也。

易彖傳：「咸，感也；」「夬，決也；」「兌，說也。」論語顏淵：「政者，正也。」此以聲母與形聲字互釋者也。

三者形式雖各不同，其爲以音爲樞紐之訓詁法則一也。

以本字釋本字之法，有違於以已知推未知之訓詁原則（雖釋者與被釋者詞性有動靜之别），故雖遠見於古籍而其後漸廢。其佗二法漢代訓詁家屢用之，班固白虎通義幾全用此法以釋禮制。劉師培中國文學教科書論之曰：

白虎通雖爲釋典禮之書，然一字必窮其義。 其例有三：一曰以佗字釋本字，非係聲同，即係聲近。 如公者，通也；侯者，候也；伯者，白也；子者，孳也；男者，任也是。 一曰既以佗字釋本字，復據佗字之義以伸之，以明本字所含之義。 如卿之爲言章也，章善明理也；大夫之爲言大扶，扶進人者也是。 一曰舍字義而釋徵言，以明其所以然之故，如爵人於朝者，示不私人也；封諸侯於廟者，示不自專也是。 以上三例，咸可援類而求。 蓋一字而深窮其義，漢代之書未有若白虎通之甚者也。 雖間流於穿鑿，然保存古訓之功，豈可沒歟。

後許愼說文解字亦雜用此法，舉例如下：

(一)天顚也；旁溥也；馬怒也，武也；戶護也之類： 此以音近字訓釋之例也。

(二)帝諦也；古故也；臤堅也；門聞也之類： 此以形聲字釋聲母之例也。

(三)禷以事類祭天神也；政正也之類： 此以聲母釋形聲字之例也。

(四)帳張也；殆枯也；捦急持衣裣也；馴馬順也之類： 此以同從一聲母之諸聲字相訓釋之例也。

以上三例（二——四），析言則別，統言之均得謂之同聲母字相訓釋。 清鄧廷楨曾集之爲說文雙聲疊韵譜。 其中同聲母字相訓釋者，約有百事。

迨劉熙作釋名，乃純用此法。 顧廣圻爲之作略例，其言略曰：

釋名之例有二焉：曰本字，曰易字是也。 雖然，猶有十焉： 曰本字，則冬曰上天，其氣上騰與地絕也；以上釋上，如此之屬一也。 曰疊本字，則春曰蒼天，陽氣始發色蒼蒼也；以蒼蒼釋蒼蒼，如此之屬二也。 曰本字而易字，則宿，宿也，星各止宿其處也；以止宿之宿釋星宿之宿，如此之屬三也。 曰易字，則天，顯也，在上高顯也；以顯釋天，如此之屬四也。 曰疊易字，則雲猶云云，衆盛意也；以云云釋雲，如此之屬五也。 曰再易字，則腹，複也，富也；以複也富也再釋腹，如此之屬六也。 曰轉易字，則兄，荒也，荒，大也；以荒釋兄，而以大轉釋荒，如此之屬七也。 曰省易字，則綈似蛦蟲之色綠而澤也；以蛦釋綈而省蛦也之云，如此之屬八也。 曰省疊易字，則夏曰昊天，其氣布散皓皓也，以皓皓釋昊；而省猶皓皓之云，如此之屬九也。

曰易雙字，則摩娑猶末殺也，以末殺雙字釋摩娑雙字；如此之屬十也。

所謂易字七例，即以音近之字相訓釋。其中如以複釋腹，以蝛釋綈，則又同聲母之形聲字也。蓋其書以音近之字相訓釋爲原則。間亦以本字釋本字。至於同聲母相訓釋者，約計得四百事。（錢大昕聲類則專取古訓之用雙聲者。）

夫訓詁之法有客觀的與主觀的區別。前者爲以凡通語釋古語或方言，如爾雅方言之屬是也。後者爲訓詁家本個人之觀察，用聲訓之法，以一音近之字紬繹某一事物之義象，如白虎通釋名之屬是也（說文則二法並用）。觀乎釋名之自序曰：

夫名之於實，各有義類，百姓日稱而不知所以然之意。故譔天地陰陽四時邦國都鄙車服喪紀，下及民庶應用之器，即物名以釋義，論敘指歸，謂之釋名。

知其應用聲訓之法，獨能闡明理論之爲難能可貴。但惜其拘於事物之類別，枝枝葉葉而爲之，不能盡得語勢流衍縱橫變化之狀態。且聲訓之法任取一字之音，傅會說明一音近字之義，則事有出於偶合，而理難期於必然，此其法之有未盡善者。故四庫全書總目提要評之曰：

其書以同聲相諧推論稱名辯物之意，中間頗傷穿鑿。然可因以考見古音。

今姑舉一例以明之。釋名釋書契：

璽，徙也，封物使可轉徙而不可發也。

以徙釋璽，祇取音諧（漢代音），別無證驗，未足以爲確詁也。茲試就璽字之聲系研究之：璽從爾聲，綜計說文與璽同以爾爲音符之字如——

邇，「近也，從辵，爾聲。」按近有止義。邇之從爾，亦猶此之從止。

籋，「箝也，從竹，爾聲。」字亦作鑷。方言，廣雅並云「鑷，正也。」按籋，今俗作鑷，鑷子所以止物。正從止，亦有止義。

檷，「絡絲檷，從木，爾聲，讀若柅。」徐鍇繫傳「按字書絡絲柎也；柎，足也。」段氏本說文作「檷，絡絲柎也，從木，爾聲，讀若昵，易曰，繫於金檷。」注：「柎，各本作檷，今依易釋文，玉篇，廣韻正。釋文作跗，柎跗古今字。柎，㪷足也。」據此，檷即柎，柎即足，足猶止也。

瀰，「滿也，從水，爾聲。」按滿則止矣。

又以壐爲音符之字說文有——

彌，「弛弓也，從弓，壐聲。」 字亦作彌。 爾雅釋言，毛詩卷阿傳，皆訓彌爲終。 按弛弓即所以止射。

縭，「粗緒也，從糸，壐聲。」 字亦作緬。 急就篇「綈緹𦇒紬絲絮緜。」說文「紬，大絲繒。」 廣韵「縭，繒似布。」 然則縭者，異乎黃潤纖美撫不留手者矣。

綜上所述，從爾得聲者，有釋爲止義之可能性。 但考爾字，說文「麗爾，猶靡麗也，」並無止義。 然則爾猶爲借音，追溯其語根，殆出於尒（爾從尒聲）：

尒，說文「詞之必然也。」 玉篇「詞之畢也。」

亦通於尼：

尼，說文「從後近之。」 爾雅釋詁「止也，」又「定也。」 孟子「止或尼之。」 朱駿聲說文通訓定聲柅下云「易，姤，繫于金柅，子夏傳作𣝆，又爲尼，實爲疑。 易馬注：在車之下，所以止輪令不動也。 按謂軔也。 蜀才本作尼。 王肅本作柅（按王云制動之主）。 廣雅釋詁，柅，止也。」 按說文柅「木也，實如梨。」 殆爲託名標識之別一假借語。

又爾雅釋言：「𥝖，膠也。」 釋文，𥝖字又作黏同。 方言二：「𥝖，黏，黏也。」 說文：「黏，黏也，從黍，日聲。 春秋傳曰，不義不黏。 尼質切。𥝖，或黏從刃。」 段氏注云：「今左傳作暱，昵或暱字，日近也。」

徐灝箋云：「繫傳部末多䵒篆，云從黍尼聲，不著其義，蓋亦黏之或體。」

然則，黏𥝖昵爲一語，有膠黏之義，此並可作尼聲字訓止之證。

據此，從爾聲諸字之得訓止，其原因亦可以瞭然矣。 然則釋名之以徙訓壐，實嫌於傅會。 即說文訓壐爲「王者印也，所以主土，」（籀文從玉）亦是據後起之制度立說，而「不知所以然之意」也。 余謂：

壐之得名，緣於古代封物之制，以壐抑埴（淮南子齊俗訓云，「若壐之抑埴」），制止之使不得輒開露耳（故其字從土）。 今以所見之古代封泥證之，便可釋然。 蓋「泥」之所以得名，亦由於有尼止之性，故釋獸云「威夷長脊而泥」也。

從上文「璽」意字義之考證觀之，欲匡救一般汎聲訓之流弊，而增加其可信之力量，則不得不補充其條件。 條件爲何？ 即須以同聲母字爲聲訓對象之範圍（當然包括聲母與形聲字相訓釋在內），如取聲轉，亦必音證義證兩者兼具而後可（如尼之與爾）。 昔者畢沅釋名疏證有云：

說文「錦，從帛，金聲。」 凡爲聲者皆無義，而此云「錦，金也。 作之用功，其價如金，故其制字從帛與金。」 是以諧聲字爲會意。

爲是評者，其殆根本未明形聲字及聲訓之原理耳。 善夫段玉裁說文禛下注云：

聲與義同原，故龤聲之偏旁多與字義相近，此會意形聲兩兼之字致多也。 說文或偁其會意略其形聲，或偁其形聲略其會意，雖則渻文，實欲互見。 不知此則聲與義隔。 又或如宋人字說，衹有會意，別無形聲，其失均誣矣。

茲再以公式表明上文所述古代聲訓之類別，及其與右文之比較。

古之所謂聲訓，按其性質，約可分爲兩類：

（1）汎聲訓，汎用一切同音或音近（雙聲或疊韵）之字相訓釋。

（2）同聲母字相訓釋，其中又分三項。 今假設 x 爲聲母，ax，bx，……等爲同從一聲母之形聲字，：爲表示訓釋之符號，則可得下列三式：

（甲） ax：x………以聲母釋形聲字。

（乙） x：ax………以形聲字釋聲母。

（丙） ax：bx……以兩同聲母之形聲字相釋。

注意：甲式亦可表形聲兼會意字。

至於右文之公式則如下：

（ax，bx，cx，dx………）：x

蓋汎聲訓之範圍最廣，衹取音近，別無條件。 同聲母字相訓，已有限制，然於若干同聲母之形聲字中僅隨意取二字以相比較，條件猶覺過寬。 惟右文須綜合一組同聲母字，而抽繹其具有最大公約數性之意義，以爲諸字之共訓，即諸語含有一共同之主要概念，其法較前二者爲謹嚴。 若以式表示之，如下：

汎聲訓 > 同聲母字相訓 > 右文

又世人多誤以形聲兼會意與右文混爲一談，亦嫌失之鹵莽。 根據上說，則 ax：x

（形聲兼會意）之與（ax，bx，cx，………）：x（右文），固自不同。例如宋王安石字說屬於前者，不得竟目之爲右文也。

三　右文說之略史一

藝文類聚人部引晉楊泉物理論「在金曰堅，在草木曰緊，在人曰賢。」世謂是說爲開右文之端緒。宋史文苑傳載吳淑取說文有字義者千八百餘條，著說文五義三卷。其書不傳，不知所謂「有字義者」，作何解釋？其後王安石著字說二十四卷，頗流行於一時。現其書雖佚，然其說多散見於宋人載記中。陸佃埤雅爾雅新義尤多宗之。大抵其書僅零星取形聲字，一切說之以會意之法，蹈空憑臆，舍實證而尙獨斷，故學者多非之。以云其組織，固亦非以聲母爲綱，統說一般同聲母之形聲字者也。鄭樵六書略諧聲中雖有聲兼意一例，然亦與右文之說異趣。惟與荆公同時之王子韶，獨倡右文之說。沈括夢溪筆談十四：

> 王聖美治字學，演其義爲右文。古之字書，皆從左文。凡字，其類在左，其義在右。如木類，其左皆從木。所謂右文者，如戔，小也。水之小者曰淺，金之小者曰錢，歹而小者曰殘，貝之小者曰賤，如此之類，皆以戔爲義也。

右文說之異於前人者：（一）右文說爲研究一組同從一聲母之形聲字與其聲母在訓詁上之關係，較但說形聲兼會意者爲有系統。（二）所用以解釋同聲系字之共訓，乃歸納聲母及形聲字中含有最大公約數性的意義而成者，較之僅據聲母，望形生訓者爲近於眞實。惜其說僅存片羽，未有成書。案宣和書譜正書四載「方王安石以字書行於天下，而子韶亦作字解二十卷，大抵與王安石之書相違背，故其解藏於家而不傳。」不知字解中亦主張右文之說否？要之子韶治字學之根本精神與安石殊異，上文固已言之矣。迨王觀國（宋高宗時人）學林又有字母之說。學林五：

> 盧者，字母也。加金則爲鑪，加火則爲爐，加瓦則爲甗，加黑則爲黸。凡省文者，省其所加之偏旁，但用字母，則衆義該矣。亦如田者，字母也。或爲畋獵之畋，或爲佃田之佃。若用省文，惟以田字該之。佗皆類此。

張世南（宋寧宗時人）游宦紀聞九亦云：

自說文以字畫左旁爲類，而玉篇從之。不知右旁亦多以類相從。如戔爲淺小之義，故水之可涉者爲淺，疾而有所不足者爲殘，貨而不足貴者爲賤，木而輕薄者爲棧。青字有精明之義，故日之無障蔽者爲晴，水之無溷濁者爲清，目之能明見者爲睛，米之去粗皮者爲精。凡此皆可類求，聊述兩端，以見其凡。

宋末戴侗（理宗時人）六書故六書通釋云：

六書推類而用之，其義最精。「昏」本爲日之昏，心目之昏猶日之昏也，或加心與目焉。嫁娶者必以昏時，故因謂之昏，或加女焉。「熏」本爲煙火之熏，日之將入，其色亦然，故謂之熏黃，楚辭猶作纁黃，或加日焉。帛色之赤黑者亦然，故謂之熏，或加糸與衣焉。飲酒者酒气酣而上行，亦謂之熏，或加酉焉。夫豈不欲人之易知也哉，然而反使學者昧於本義。故言婚者不知其爲用昏時，言日曛者不知其爲熏黃，言纁帛者不知其爲赤黑。它如厲疾之厲別作癘，則無以知其爲危厲之疾，厲鬼之厲別作禲，則無以知其爲凶厲之鬼。夢厭之厭別作魘，則無以知其由於气之厭塞，曶且之曶別作曬，則無以知其由於气之曶底。永歌之永別作詠，則無以知其聲猶水之衍永。璀粲之粲別作璨，則無以知其色猶米之精粲。惟國語史記漢書傳寫者希，故古字猶有不改者，後人類聚爲班馬字類漢韵等書，不過以資奇字，初未得其要領也，所謂多學而識之，非毋之道也。

所謂「六書推類」之說，即是右文。文之後段特反言之耳。

宋人各家主張略如上來所說，其弊在略舉一二例而不明言其理。迨及清代學者始論及音聲詁訓相通之理，今擇其主要者著於篇。

四　右文說之略史二

明末黃生著字詁，於「疋䟽疏梳」條云：

疋，鳥足之疏也。䟽，𤴙，並窗戶之交疏也。梳，疏，並理髮器也。鳥足開而不歛，故作疋字象之。疋有稀義，故窗戶之稀者曰䟽，櫛器之稀者曰疏，並從疋會意兼諧聲。

字詁又於〔紛雰鶯衯棼〕條云：

物分則亂，故諸字從分者皆有亂義：紛，絲亂也；雰，雨雪之亂也；衯，衣亂也；鶯，鳥聚而亂也；棼棼，亂貌也。

案黃承吉字詁義府合按本於此條下注云：

承吉按凡諧聲字以所從之聲為綱義，而偏旁其逐事逐物形跡之目，此則公已先見及之。

錢塘溉亭述古錄與王無言書：

文者，所以飾聲也。聲者，所以達意也。聲在文之先，意在聲之先，至制為文，則聲具而意顯。以形加之為字，字百而意一也。意一則聲一，聲不變者，以意之不可變也。此所謂文字之本音也。今試取說文所載九千餘文，就其聲以考之，其意大抵可通。其不可遽通者，反之而即得矣。………今取許氏之書，離析合併，重立部首，系之以聲。而采經傳訓詁及九流百氏之語以證焉。

錢氏詮發聲同則義得相通之理，造微獨到，惜其所著之書未見傳本。

段玉裁注說文，倡〔以聲為義〕之說，以為古人先有聲音而後有文字，是故九千字之中從某為聲必同是某義。今將其全書中關於說此義者表而出之，以便研究：

聲母	形聲字	段注擇要	部首	篇數
畾	瓃玉器也。	櫑字下曰，刻木作雲靁，象施不窮。揚雄賦曰，轠轤不絕。凡從畾字皆形聲兼會意。	玉	1
	蘲一曰秬鬯。	凡字從畾聲者，皆有鬱積之意，是以神名鬱壘，上林賦云：隱轔鬱壘。秬鬯得名蘲者義在乎是。	艸	1
幾	璣珠不圜也。	凡經傳沂鄂謂之幾，門槷謂之機，故珠不圜之字從幾。兼士案玄應音義引字林，璣，小珠也，程瑤田字林考逸書後云〔璣從幾，幾微之義，小之說也，說文但有珠不圜之一解，……得字林然後小珠之為璣，……其義皆見矣。〕案璣之右文有〔沂鄂〕與〔小〕兩義，說文字林均可通。	玉	1
于	芋大葉實根駭人，故謂之芋也。	口部，吁，驚也；毛詩，訏，大也。凡于聲字多訓大。芋之為物葉大，根實二者皆堪駭人，故謂之芋。	艸	1
	吁驚語也。	按于有大義，故從于之字多訓大者。	于	5

票	蔈一曰末也。	金部之鏢，木部之標，皆訓末，蔈當訓艸末。兼士按龔自珍段注札記云以聲爲義發凡此字，非是。又十篇火部票下注「凡從票爲聲者多取會意」。	艸	1
爾	薾華盛。	此於形聲見會意，薾爲華盛，瀰爲水盛皃。	艸	1
㶣	犥牛黃白色。	黃馬發白色曰驃。票㶣同聲，然則犥者黃牛發白色也。內則鳥皫色，亦謂發黃色。	牛	2
隺	㸮白牛也。	白部曰，皠，鳥之白也，此同聲同義。	牛	2
	騅一曰馬白額。	鳥之白曰皠。白牛曰㸮。	馬	10
與	趣安行也。	按欠部歟，安气也。心部，懇，趣步懇懇也。馬部，騺，馬行徐而疾也。論語曰，與與如也。漢書長倩懊懊。	走	2
	歟安气也。	如趣爲安行，騺爲馬行疾而徐，音同義相近也。今用爲語末之辭，亦取安舒之意。通作與，與與如也。	欠	8
同	迵迵迭也。	迭當作达，玉篇云，迵通達也，是也。水部洞，疾流也；馬部駧，馳馬洞去也；義皆相同。	辵	2
奇	齮齧也。	按凡從奇之字多訓偏：如椅訓偏引，齮訓側齧，索隱注高紀云，許慎以爲側齧。	齒	2
吉	齰齧堅聲。	齧各本作齒，今依玉篇訂。石部曰，硈石堅也，皆於吉聲知之。兼士按以「石堅」例之，作「齒」正無不合。	齒	2
	黠堅黑也。	黑之堅者也。石部曰，硈，石堅也。亦吉聲也。	黑	10
豈	齸齸牙也。	引伸爲磨器之名。刀部曰，剴一曰磨也，皆於豈聲知之。	齒	2
辰	踬動也。	與口部唇，雨部震，手部振音義略同。	足	2
	娠女妊身動。	凡從辰之字皆有動意，震，振是也。	女	12
皮	詖辨論也。	皮，剝取獸革也，被，析也。凡從皮之字皆有分析之意，故詖爲辨論也。	言	3
斯	誓悲聲也。	斯，析也；澌，水索也。凡同聲多同義。	言	3
	𤺊散聲。	按與斯，澌，字義相通。	疒	7
非	𡗜賦事也。從𡗜從八，八，分之也。八亦聲。讀若頒。一曰讀若非。	周禮，匪頒之式，先鄭云，匪，分也。凡從非之字皆有分背之意。	𡗜	3
	斐分別文也。	許云分別者，渾言之則爲文，析言之則爲分別文，以字從非知之也。非，違也。凡從非之屬：𩇯，別也，靠，相違也。兼士按此爲从非會意。	文	9
句	翑羽曲也。	凡從句者皆訓曲。	羽	4

	朐脯挺也。	凡從句之字皆曲物，故皆入句部。　朐不入句部何也？　朐之直多曲少，故釋爲脯挺，但云句聲也。　云句聲，則亦形聲包會意也。	肉	4
	狗孔子曰，狗叩也。叩气吠以守。	按釋獸云，未成豪狗，與馬二歲曰駒，熊虎之子曰豿同義，皆謂稚也。	犬	10
賁分	鼖大鼓謂之鼖。	凡賁聲字多訓大：如毛傳云墳，大防也；頒，大首皃；汾，大也皆是。	鼓	5
夗宛	盌小盂也。	于夗皆坳曲意，皆形聲包會意。　又七篇夕部夗下注「凡夗聲宛聲字皆取委曲意。」	皿	5
侖思也。		凡人之思必依其理，倫論字皆以侖會意。	亼	5
力	朸木之理也。	以形聲包會意也。　阞下曰地理，朸下曰木理，泐下云水理，皆從力，力者筋也，人身之理也。　又十三篇力部力下注：「象其條理也。人之理曰力，故木之理曰朸，地之理曰阞，水之理曰泐。」	木	6
	阞地理也。	按力者筋也。　筋有脈絡可尋，故凡有理之字皆從力。　阞者，地理也；朸者，木理也；泐者，水理也；手部有扐，亦同意。	𨸏	14
	泐水石之理也。從水，阞聲。	形聲包會意，大徐無聲字。	水	11
枼楄也。枼，薄也。		凡木片之薄者謂之枼。　故葉，牒，鍱，箂，偞，等字皆用以會意。	木	6
云	囩回也。	雲字下曰，象雲回轉形；沄字下曰，轉流也。凡從云之字皆有回轉之義。	口	6
吾	晤明也。	晤者启之明也。　心部之悟，㝱部之寤，皆訓覺，覺亦明也。　同聲之義必相近。	日	7
甬草木華甬甬然也。		小徐曰，甬之言湧也，若水涌出也。　周禮鐘柄爲甬。　按凡從甬之字皆興起之意。	马	7
辥	糱牙米也。	牙米謂之糱，猶伐木餘謂之櫱，庶子謂之孼也。	米	7
單	癉勞病也。	大雅下民卒癉，釋詁毛傳皆云癉病也。　小雅哀我癉人，釋詁毛傳曰，癉勞也。　許合云勞病者，如嘽訓喘息皃，幝訓車敝皃，皆單聲字也。	疒	7
贊	儹冣也。	木部欑，竹部籫，義皆相通。	人	8
光	侊小皃。	小當作大，字之誤也。　凡光聲之字多訓光大，無訓小者。	人	8
眞僊人變形而登天也。		引申爲眞誠，凡稹鎭瞋謓瞋塡寘闐嗔滇鬒瑱顛愼字皆以爲聲，取充實之之意。　其顚搷字以頂爲義者，亦充實上升之意也。	匕	8
卓高也，		按稽部穛特止也，辵部逴遠也，人部倬著大也，皆一義之引伸。	匕	8
㐱	袗玄服。	兼士按段改爲禪衣也，又增一曰盛服四字於下，而注之曰「㐱本訓稠髮，凡㐱聲字多爲濃重」。	衣	8

今金	衿交衽也。	凡金聲今聲之字皆有禁制之義。	衣	8
農	襛衣厚皃。	凡農聲之字皆訓厚：醲，酒厚也；濃，露多也。	衣	8
	濃露多也。	按酉部曰，醲，厚酒也；衣部曰，襛，衣厚皃。　凡農聲字皆訓厚。	水	11
袁長衣皃。		遠轅等字以袁爲聲，亦取其義也。	衣	8
兀高而上平也。		一在儿上，高而平之意也。　凡從兀聲之字多取孤高之意。	儿	8
冥	覭小見也。	如溟之爲小雨，皆於冥取意，釋言曰，冥，幼也。	見	8
康	歔飢虛也。	濂者，水之虛；康者，屋之虛；歔者，餓腹之虛。	欠	8
	濂水虛也。	康者，穀皮中空之謂。　故從康之字皆訓爲虛：歔下曰，飢虛也；康下曰，屋康宦也；詩酌彼康爵箋曰，康虛也，……急就篇顏注曰，轆謂輿中空處，所用載物也。　水之空，謂水之中心有空處。　兼士按，「水之中心有空處」理不可通。　蓋水性就下，地之坎陷處常濕，故濂字從水。　許氏望形生訓，說爲水虛，已不可解。　段氏申之，愈見其支離矣。	水	11
多	㚇有大度也。	凡從多之字訓大，釋言曰，庶，侈也，是其義。	卩	9
	烗盛火也。	凡言盛之字從多。	火	10
叚	騢馬赤白襍毛，謂色似鰕魚也。	凡叚聲多有紅義，是以瑕爲玉小赤色。	馬	10
	鰕魵也。	兼士按段改注爲鰕魚也，注云「凡叚聲如瑕，騢，霞，等皆有赤色。　古亦用鰕爲雲霞字。」	魚	11
尨犬之多毛者。		引伸爲雜亂之稱，小戎箋曰，蒙尨是也，牛白黑雜毛曰牻，雜語曰哤，皆取以會意。	犬	10
邑	悒不安也。	邑者人所聚也，故凡鬱積之義从之。	心	10
圭	娃圜深目皃也。	洼，深池也；窐，甑空也。　凡圭聲字義略相似。	女	12
𠂢	㯅散絲也。	水之衺流別曰𠂢；別水曰派；血理之分曰衇；散絲曰㯅。	糸	13
曾	增益也。		土	13
卑	埤增也。	此與會部朇，衣部裨，音義皆同。　凡從曾之字皆取加高之意。　會部曰，曾者益也，是其意也。　凡從卑之字皆取自卑加高之意，所謂天道虧盈益謙，君子捊多益寡也。　凡形聲中有會意者例此。	土	13
臤	鑒剛也。	此形聲中有會意也。　堅者土之臤，緊者絲之臤，鑒者金之臤，彼二字入臤部，會意中有形聲也。	金	14

柬	鍊治金也	治大徐作冶，今正。 湅，治絲也；練，治繒也；鍊，治金也；皆謂灡湅欲其精，非第治之而已。	金	14
皇	鍠鐘聲也。詩曰，鐘鼓鍠鍠。	按皇，大也。 故聲之大字多從皇，詩曰，其泣鍠鍠，鍠鍠厥聲；玉部曰，瑝，玉聲也。	金	14
悤	鏓鎗鏓也。一曰，大鑿平木者。	段氏依李善文選注引改平木爲中木，注云〔囪者多孔，蔥者空中，聰者耳順，義皆相類。凡字之義必得諸字之聲者如此。〕	金	14
軍圜圍也。		於字形得圜義，於字音得圍義。 凡渾，韗，煇等軍聲字皆兼取其義。	車	14
巠	陘山絕坎也。	凡巠聲之字皆訓直而長者。	阜	14

以上所輯僅祇六十八條，雖不能盡說文所載形聲字聲義貫串之情形，但段氏對於右文之發凡起例，即此已可觀其梗概。 今將其說明語之形式不同者分類評之如次：

（1） 鏓下注云，凡字之義必得諸字之聲。

此謂一切形聲字皆兼會意。

（2） 晤下注云，同聲之義必相近。

此謂形聲字聲母同者義必通。

（3） 沂鄂謂之幾，故珠不圜之字從幾。 凡木之薄者謂之枼，故葉牒鍱箕偞等字皆用以會意。

此推本諸形聲字有此義者，由於聲母之有此義。

（4） 凡從辰之字皆有動意。 凡農聲之字皆訓厚。

此謂從某聲者皆有相類之義而不推本其是否出於聲母之義。

（5） 凡言盛之字從多。 凡聲之大字多從皇。

此謂表示某義之形聲字大抵從某聲，逆言之也。

（6） 譽下注云，凡同聲多同義。

此言〔多〕不云〔皆〕〔必〕等全稱肯定之辭，意謂亦有例外也。

第一類，第二類，第四類，第五類均濫用全稱肯定之辭，似與實際不盡相符。 不如第六類云〔多〕爲較妥。 第三類探原立論，斯爲正軌。 段氏於〔以聲爲義〕各字，頗有所發明。 如於犥下云：〔麃票同聲〕。 於蕡下兼說〔賁〕〔分〕，蓋同訓之字，祇取聲通，不拘形異，段氏深明此理。 更從票聲字有末義又有發白色義觀之，而得一同聲母字其義不必盡同之啓示，惜段氏未暢言之。蓋其缺點在於僅隨意舉例，往往以偏該全，尙少歸納之精神耳。至於因齮之從奇，知其爲側齧，侊之從光，知其爲大皃，鏓從悤而得大鑿中木之義，銓從金而得禁制於頜之義，由是知右文之裨益於校勘古籍考訂名物，亦非淺尟也。

王念孫之說，見於廣雅疏證中。如釋詁大也條下云：

夸者，說文，夸，奢也，從大于聲。方言，于大也。夸，訏，芋竝從于聲，其義同也。

又云：

般者，方言，般，大也。……士冠禮注云，弁名出於槃，槃，大也，言所以自光大也。……說文，幋，覆衣大巾也。鞶，大帶也。……文選嘯賦注引聲類云，磐，大石也。義並與般同。

雖不明言右文，而深合於以聲爲義之理。惜其說散漫，未具系統。茲特再取高郵王氏遺書釋大一節以爲代表：

岡，山脊也。亢，人頸也。二者皆有大義。故山脊謂之岡，亦謂之嶺。人頸謂之領，亦謂之亢。彊謂之剛，大繩謂之綱，特牛謂之犅。大貝謂之魧，大瓮謂之甌，其義一也。岡，頸，勁，聲之轉，故彊謂之剛，亦謂之勁，領謂之頸，亦謂之亢。大索謂之絚。岡，絚，亙，聲之轉，故大繩謂之綱，亦謂之絙，道謂之堩，亦謂之既。

王氏之論，可謂觸類旁通，中邊皆澈。清代學者之疏證小學各書，如王氏之於廣雅，郝氏懿行之於爾雅，錢氏繹之於方言，均能「以精義古音貫串證發」。然究拘於體裁，祇能隨文釋義，不能別具訓詁學之系統，由今視之，要是長編性質之訓詁材料而已。有識之學者大抵先藉疏證古書之機會以搜集材料；材料具備，然後綜合之以成一有系統之學說。王氏釋大殆即欲綜合廣雅疏證之材料，以說明古代訓詁之範疇，惜乎不及待其完成也。

郝懿行爾雅義疏釋詁訏，宇，大也條下云：

訏者，詩中毛傳並訓爲大。通作芋，方言，訏，芋竝云大也，郭注芋猶訏也，又云訏，亦作芋，故詩云君子攸芋，毛傳芋大也。又通作盱與吁，詩溱洧釋文，訏韓詩作盱，斯干釋文芋或作吁，爾雅釋文訏本作盱，是皆以聲爲義也。凡从于之字多訓大，于亦訓大，故方言云，于，大也，檀弓云，于則于，說者亦以爲廣大是矣。宇者，亦從于，與訏同。說文云，宇，屋邊也，蓋屋檐四垂爲屋之四邊，天形象屋四垂，故曰天宇，亦曰大宇，………莊子齊物論釋文引尸子云，「天地四方曰宇」，然則宇之爲大可知矣。

焦循易餘籥錄卷四：

………肴饌中有以讓爲名者，皆以他物實之於此物之中。如以肉入海參中則名讓海參。凡讓雞讓鴨讓藕無非以物實其中。或笑曰，讓當與瓤通。謂以物入其中，如瓜之有瓤也。說者固以爲戲言，而不知古者聲音假借之義正如此也。瓜之內何以稱瓤？瓤，從襄者也。瓤從襄猶釀。說文「釀，醞也。」醞與縕通。穀梁傳「地縕于晉」，謂地入于晉也。論語「衣敝縕袍」，謂絮入於袍也。醞爲包裹於內之義，而釀同之，此所以名瓤名釀也。說文「鑲，作型中腸也」。釋名云「中央曰鑲」，皆以在中者爲義。囊，裹物者也。從襄省聲，即亦與讓同聲。然則讓取包裹縕入之義明矣。夫讓，猶容也，容即包也。爭則分，讓則合矣。故四馬駕車兩服在兩驂之中而詩曰「上襄」，水圍於陵而書曰「懷山襄陵」，俱包裹之義也。不爭則退遜，退遜則却，故讓有却義。能讓則附合者衆，故穰之訓衆，瀼之訓盛，衆則盛也。

縕入其中則相因，故馬氏注皋陶謨云「襄，因也。」爾雅釋詁云「儴，因也。」鄭氏注呂刑云「有因而盜曰攘。」攘取義於因，即襄之於因也。史記趙世家正義云「襄，上也，舉也。」鄭氏注堯典云「推賢尙善曰讓。」尙與上通，上善，即舉善也。廣雅云「尙，舉也，高也。」高誘注呂氏春秋云「尙，曩也，」又「尙，久也。」爾雅釋詁云「曩，久也。」讓爲尙善，則通於襄；爲推賢，則通於攘。說文云「攘，推也。」推之義近却，曲禮「左右攘辟」，注云「攘，却也。」風俗通義「禳，却也」。却之即所以謝之，亦所以除之。故廣雅云「禳，除也。」王逸離騷章句云「攘，除也，禳，謝也。」皆引申之義也。

紬繹原文所叙各字意義引申之次第，先考與讓同聲系之瓤釀鑲囊等字均有在內或繦入之義，因以定讓字之亦有包裹容入之義。 引申之而有「禳」「攘」除謝推却之義。又引申而有「穰」「瀼」衆盛之義，及儴因之義。 又引申而有曩久之義。 再列表以明之：

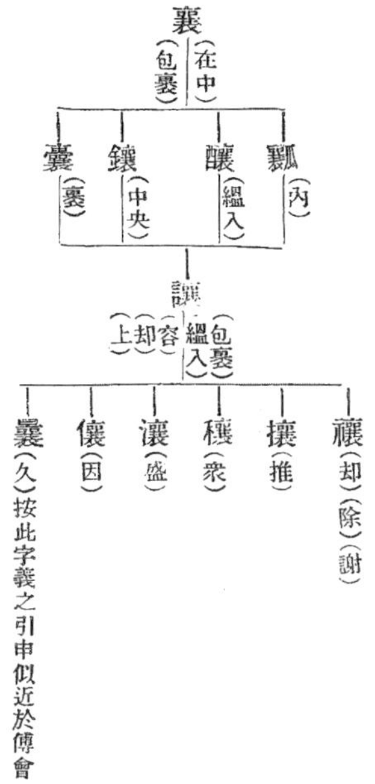

案衆盛義之「穰」「瀼」殆爲「禯」「濃」諸字之轉語。 又不久爲「曏」音略轉而遂以「曩」爲久矣，三字之義皆屬借音，無與於「襄」字之訓也

焦氏考求一讓字之義，展轉引伸，極蹤跡推闡之能事，較宋人所舉「戔」「盧」諸例，僅證以直接之字義者，迥不侔矣。 易餘籥錄卷四又曰：

> 說文「周，密也。」 故字之從周者，稠訓多也；鬅訓髮多也。 賈子道術篇云「合得密周謂之調。」 毛詩鹿鳴傳云「周，至也。」 考工記函人注云「周，密致也。」 至同致。 稠密則聚，故王制注云「州，聚也。」 州通於周。 襄二十三年左傳「華周」，古今人表作「華州」。 風俗通云「州，周也，州有長，使之相周足也。」 周亦通舟。 說文云「⿰舟周，帀徧也。」 檀弓注云「周，帀也。」 詩崧高箋云「周，徧也。」 鄉飲酒義注云「酬之

言周也。」 釋名云「船又曰舟，言周流也。」 楚辭九辯注云「幬，帷帳也，帳周帀於四面，故名幬。」 帳稱幬，於是悵亦稱惆（廣雅），是則相因而爲轉注也。

因周訓密而得稠，鬝，調，幬諸字同訓之故，更本聲母同音其用亦同之理，貫串證發州，酬，舟，輈等字義亦與上列諸字之義相通，此王念孫疏證廣雅之所以多舉聲近義通之例，較之段玉裁注說文之動輒標榜本字者爲長矣。

阮元揅經室集卷一，釋且釋門諸篇亦可與之互相證發。 茲舉釋門之說以見其概：

凡事物有間可進進而靡已者，其音皆讀若門，或轉若免，若每，若敏，若孟而其義皆同。 其字則展轉相假，或假之於同部之疊韻，或假之於同紐之雙聲。 試論之，凡物中有間隙可進者莫首於門矣，古人特造二戶象形之字而未顯其聲音。 其聲音爲何？ 則與虋同也。 虋從釁得音，釁門同部也。 因而釁又隸變爲斖，爲亹，爲璺，皆非說文所有之字，而實皆漢以前隸古字。 周禮太卜注「璺，玉之坼也。」 方言亦云「器破而未離謂之璺。」 釋文注「亹本作璺」，是璺與亹同音義也。 玉中破未有不赤者，故釁爲以血塗物之間隙。 音轉爲盟，盟誓者亦塗血也，其音亦同也。 由是推之，爾雅虋爲赤苗，說文璊爲赤玉，𦅾爲赤毳，莊子樠爲門液，皆此音此義也。 若夫進而靡已之義之音則爲勉。 勉轉音爲每，亹亹文王，當讀若每每文王。 亹字或作斖。 再轉爲敏，爲黽。 雙其聲則爲黽勉。 收其聲則爲蠠沒，又爲密勿。 沒乃門之入聲，密乃敏之入聲。……

據阮氏所論，則從釁聲之虋，璺，與從㒼聲之𦅾，樠，形與聲雖均轉變，而語仍同原，較之焦氏周，州，舟同音通用之論又有進矣。 斯篇舉例，汎濫及於複音之辭，以盡語言分化之致，實與右文亦有關係，未可等閑視之也。

宋保著諧聲補逸其自序云：

夫字有定形，義豈一端，而皆統之於聲。 聲則無方無盡而文字以之相益，詁訓以之相依，以無方無盡之聲，又確有其至當不易之路，路自一達以至九達，合之則有徑可通，分之則如道路自爲道路，岐旁自爲岐旁，劇旁自爲劇旁，不能一致也。 古人以聲載義，隨感而應，變動不居。……凡聲同則雖形不同，而其義不甚相遠。

又阮元與之書云：

大著因聲求義，而得古人制字之本。 其間孳乳之由，關通之迹，甚爲分明。發覆正譌，新義疊出。 觀於此而猶昧於形聲者眞巍材矣。

玆將其說之關於右文者摘錄於次：

逐……今本譌作從豕作逐，係隸書相承，寫說文者，缺筆故也。……從豖得聲之字有琢啄逐豛豩椓𧰲瘃涿等字：琢，治玉也；啄，鳥食也；豛，椎毄物也；豩，擊也，椓，擊也；逐，追也；涿，流下滴也，並皆徵逐之義，豖絆足行豖豖，義竝相等也，故皆從其聲。（卷二）

譈，重文作誋，忌聲。………說文之訓多取諸同聲者同義。 黑部黖字訓云，黖者，忌而息也；與譈字重文作誋相關合矣。（卷三）

朏，出聲。 廣雅釋親，膕朏，曲脚也。 疏證，云朏之言詘也，其體詘曲也。 保謹案朏字出聲，猶詘字出聲屈字出聲矣。（卷七）

辯從言，辡聲。………按辡辯同部，辨，小兒白眼，辡聲；辦，判也，辡聲，瓣，瓜中實，辡聲；辬，駁文也，辡聲；辮，憂也，一曰急也，辡聲；辮，交也，辡聲；皆寓分辨之誼。 辯訓治，從言在辡之間，亦分辨意也，故從其聲。（卷十四）

按自來多以形聲字考訂右文之現象。 宋氏逆之，利用右文之軌迹，以證明說文形聲字之譌奪，亦右文實用之例也；惟改逐爲爲逐，終不若解作從豕會意，其義較勝。

陳詩庭讀說文證疑，其說亦多與右文相合，玆選錄數條於次：

(1)圭有畫義，故畦可劃麥。 手部，挂，畫也；釋名，畫，挂也，以五色挂物上也。卦字从圭，亦取畫意。

(2)从芻者有小義。 釋名釋書契，奏，鄒也，鄒者狹小之言也。 釋兵篇，陷虜之盾約脅而鄒，亦此義。 說文，縐，絺之細者；細有小義。 雛，雞子也；雞子亦小。 玉篇，㑇㑳小人。 廣韵十八尤，謅謏，陰私小言。

三十一洽，噏呫，小人言薄相。………从芻之字又與从取字通。儀禮既夕記，御以蒲菆；注，古文菆作騶。玉篇娵之重文作㚢，黀之古文作麤。故从取之字亦有小義。史記鯫生，服虔以爲小人皃。貨殖傳正義鮿鯫小魚。爾雅菆小葉；釋文有阻留一切，字宜从取不从耴。最亦从取，左傳蕞爾國，杜注小皃。廣韵十四泰，磼，小石。䃘，小舂。中庸一撮土，亦言小也。一切經音義卷十五引通俗文縮小曰廞皺，律文作㲰。爾雅，鮨鯫，小者曰鰍。皆依聲爲義也。

(3)昏，日冥也，从日氐省，氐者下也，一曰民聲。戴侗六書故曰，「唐本說文从民省，徐本說文从氐省，晁說之曰，因唐諱民，改爲氏也。」案从民聲爲是。(案戴書作「晁說得之」。)賈子大政篇下，夫民之爲言，萌也；萌之爲言，盲也。說文，民，衆萌也。書多士序，遷頑民；鄭注，民無知之稱。荀子禮論，外是，民也；楊倞注，民泯無知者。(兼士案原作「民氓無所知者」。)皆是昏昧之意。義存乎聲，是昬字宜从民聲矣。論語泰伯，民可使由之；書呂刑，苗民弗用命；鄭注直訓民爲冥矣。昬字从日从民，故曰日冥。董子春秋繁露深察名號篇，民者，冥也，民之號取之瞑也。古人訓詁，以聲爲義，从氐之說，聲義均無所取，支部敯，歺部殙皆从昬聲而字从民，蚰部蟁字直从民，又云或从昬，以昬時出也。是昬之从民，即許書可證矣。張參五經文字愍字注「緣廟諱偏旁準式省从氏，凡泯昬之類皆从氏，」則可知唐時說文改从氏，曰「从氐省，氐者下也，」後人亂之也。

(4)不，鳥飛上翔不下來也，从一，一猶天也，象形。然凡从不皆物始生未成之名，是以未成而謂之不也，義正了當。案胚，婦孕一月也。爾雅，山一成曰坯，許君作丘再成者也；一曰瓦未燒，是明有未成義也。一切經音義卷十五引字林，坏亦作瓦未燒，芣苢連文猶胚胎連文，皆物始生未成之名。故韓詩章句，「直曰車前，瞿曰芣苢。」瞿即句字，謂句萌始生者也。……字當从丅从一。丅，古文萌櫱字，一者丅有形从而生也。

按陳氏說「不」字當從丅，從一。丅古文萌櫱字，一者丅有形從而生也。其說似不及鄭樵六書略，周伯琦說文字原，黃生義府，程瑤田解字小記，解作象華蒂鄂足之形爲長。 它如謂「从支者皆有歧出之意」，「从今者皆有舌義」，「凡物之有H形者皆謂之H」，「凡字从吉者皆有曲義」，其說離合參半。 陳氏尚有說文聲義八卷，惜未見傳本。

吳夌雲嘗與陳詩庭同校說文，故所著經說小學說廣韵說多與陳氏之說共鳴相應，茲略舉數端於次：

經說春秋左氏傳桓三年驂絓而止注驂騑馬條云：「非，古飛字，鳥翼有兩謂之非，凡物之兩相對者亦謂之非。 如腓，脛腨也。 （秉士按腓恐是借爲肥字，說詳後 。） 菲，草屨也。 扉，門扇也。 兩服，兩驂皆相對，故均曰騑。」

小學說，「突」「覃」條云：「說文突深也，一曰竈突。 覃，長味也。 深長義本相近。 突加水爲深，覃加水爲潭，皆窊下之義。 突加手爲揬，覃加手爲撢。 說文揬遠取之也，他含切；撢，揬也，他紺切；二文相承，義亦相近。………說文，瞫深視也，一曰下視也，一曰竊見也，式荏切。 下與深義同，竊見則義同揬。 又眈，視近而志遠；䁍，內視也；皆丁含切。 夌雲案此皆與瞫同意。……」

廣韵說十五灰，隈水曲也，椳戶樞，鰃角曲中也條下云：「案以上三字並取曲意。 樞從區，禮區萌達注，屈曰區。 左傳桓十二年春秋曲池，公羊作毆蛇。 葢曲亦有區音。

黃承吉夢陔堂文集卷二，字義起於右旁之聲說，其文繁冗長至四千餘言，今要删之如下：

六書之中諧聲之字爲多。 諧聲之字，其右旁之聲必兼有義，而義皆起於聲。凡字之以某爲聲者皆起原於右旁之聲義以制字。 是爲諸字所起之綱。 其在左之偏旁部分，則即由綱之聲義而分爲某事某物之目，綱同而目異，目異而綱實同。

古書凡同聲之字，但舉其右旁之綱之聲，不必拘於左旁之目之迹而皆可通用。並有不必舉其右旁爲聲之本字，而任舉其同聲之字即可用爲同義者。 蓋凡字之同聲者皆爲同義。聲在是則義在是，是以義起於聲。後人見古人使字之殊形，輒意以爲假借。其實古人原非假借，據字直書，必故爲假借何爲者？蓋古者原用其綱，而目則可別可不別，古人初不料後人之不喻乎綱也。蓋自秦坑火後而古人制字之精意有傳有不傳。若右旁因聲起義之說，則至漢而已失其傳者。……觀於漢儒所解一切經義小學，從無一二略舉其凡，而反形其漠不相入，即可見其皆不知也。惟余觀近人三十年所著之書，漸有研及於右旁之義與全字之義相體合者。然亦不過一二人略見端倪，三數字稍循迹象。即有窺見左旁之義繫於右旁之聲者，乃其所謂聲者，仍不過右旁之義，謂其全字之義闔合於右旁爲聲之半邊耳，雖曰聲，猶是義也。若夫制字之源由於右旁聲義之所以然，暨乎凡爲此聲皆爲此義之精義，則尙絕無幾微之呈見。固不得以彼混此，謂是其說已有發明。

是故凡讀書研字者不可不明制字之綱。苟能隨字逐明其綱，則即聲義了然於心。既爲此聲，必爲此義。既知此字右旁之聲義如此，即知彼字同於此字之右旁，其聲義亦必如此，不過異於隨事隨物之目之小別。若是則凡所遇古人注釋訓詁之字，即可知其所訓爲其字之初義，爲繼起之義，爲旁通之義。甚至有由初義引申而逐爲遷轉，以至於相反之義，皆可洞徹而無不明。至於誤解之義，亦即可燭見而無所遁。更不至隨波逐流，見先儒訓釋異同，輒貿貿然是非莫辨，以至兩存其說而無所宰制。……然則綱之所繫者大矣。

顧欲知一字之聲義，又不徒求之於本字。字者孳乳而生，凡制一字，必先有一字爲其所起之鼻祖，爲其制字之所以然。如予曩以著正揚論而窮溯「招」，「標」，「杓」三字之源：招字則起於刀之上指，標字則起於火之上飛，杓字則起於勺之曲出。「刀」「火」「勺」三字乃「招」「標」「杓」三字之鼻祖；而上指，上飛，曲出乃三字從出之所以然。是以召字，票字，勺字，以及凡從召，票，勺之字，其訓義無不究竟歸於爲末，爲銳，爲纖，總不離乎上指，上飛，曲出之義。而「招」「標」「杓」三字皆爲同聲，是以同義。

且凡同一韵之字，其義皆不甚相遠，不必一讀而後爲同聲。是故古人聞聲即已知義。所以然者？人之生也，凡一聲皆爲一情，則即是一義。是以凡同聲之字皆爲一義。試取每韵之字精而繹之，無不然者。

黃氏此文殆爲字詁所啓發，其說理獨爲詳盡透闢。惟反覆申論，辭嫌支蔓，是其短處，（黃氏它文亦多有與此說可相印證者，玆略不舉。）所云「不必舉其右旁爲聲之本字，而任舉其同聲之字即可用爲同義」，即是段王焦阮各家所舉諸例之理論，爲宋人未言及者。黃氏旣主以聲爲綱，復謂「刀」「火」「勹」三字爲「招」「標」「杓」三字之鼻祖，則又舍聲言形，離本題矣。至謂「凡同一韵之字，其義皆不甚相遠」，亦似傷於過濫。

外此錢繹方言箋疏中散見之材料亦不少。其他如姚文田說文聲系，嚴可均說文聲類，戚學標漢學諧聲，張惠言說文諧聲譜，江沅說文解字音韵表，江有誥諧聲表，苗夔說文聲讀表諸書，其用意在利用同聲系之字考定古音，而不及字義之通轉。惟陳澧說文聲表亦以此事爲職志，其序曰：

> 上古之世，未有文字，人之言語，以聲達意。聲者肖乎意而生者也。文字旣作，義與聲皆附聲焉。象形，指事，會意之字，由意而作者也。形聲之字，由聲而作者也。聲肖乎意，故形聲之字，其意即在所諧之聲。同諧一聲，則數字同出一意。孳乳而生，至再至三，而不離其宗焉。澧少時讀說文竊見此意。乃以暇日，爲之編次，以爲聲部首，而形聲之字屬之。其屬字之次第，則以形之相益爲等級，以意之相引爲先後。部首之音相近者，其部亦以類聚。依段氏古韵定爲十七卷。聞姚文僖公及張皋文錢溉亭皆嘗爲此，求其書讀之。錢氏書不可得，姚氏書改篆爲隸，張氏書則爲古韵而作，與澧所編之意不同，遂存此編，弗忍棄也。澧嘗欲爲箋，附於許君解說之下，以暢諧聲同意之旨。其後更涉他學，不暇爲此，姑俟異日。

陳氏書今日祇見傳寫本（北京大學研究所國學門藏）惜其箋終未成，無以見陳氏所「暢諧聲同意之旨」。

朱駿聲說文通訓定聲雖以訓詁爲主，然於右文亦未嘗顧及。王筠於說文釋例形聲敘中曾云：

> ……釋經之例，以孔子十翼爲鼻祖。乾，健也，坤，順也，坎，陷也，離，麗也，兌，說也，皆兼以音訓者也。漢儒口授，故重耳學。鄭君而外

鮮不偏主音者，而劉熙釋名爲最。宋儒競心得，故重限學。朱子而外鮮不偏主義者，而王安石字說爲最。泥孔子釋經之一端，欲其四通六闢，難已。然字說爲世詬病，而釋名不至同罰者，非謂其時近古也，非惡荆公之治術波及其學術也。義寄於聲，誠爲造字之本，亦爲用字之權，故偏於聲者從未滅也。

其意似偏重音訓，而於右文之說仍未加以贊助。由是知歷來學者關於右文之學說眞能得其鰓理者，殊不數數覯也。

五　右文說之略史三

清末小學家之注意及此者，端推章太炎劉師培二氏。吾師章先生國故論衡，語言緣起說：

語言之初，當先緣天官，然則表德之名最夙矣。然文字可見者，上世先有表實之名，以次桄充，而表德之名因之。後世先有表德表業之名，以次桄充，而表實之名因之。是故同一聲類，其義往往相似。如阮元說從古聲者有枯槀苦濫沽薄諸義，此已發其端矣。今復博徵諸說：

如立一「爲」字以爲根，爲者，母猴也。猴喜模效人舉止，故引伸爲作爲，其字則變作「僞」。凡作爲者異自然，故引伸爲詐僞。凡詐僞異眞實，故引伸爲譌誤，其字則變作「譌」。爲之對轉爲蝯，僞之對轉復爲諼矣。

如立「禺」字以爲根，禺亦母猴也。猴喜摸效人舉止，故引伸之凡模擬者稱禺，史記封禪書云「木禺龍欒車一駟，木禺車馬一駟」是也。其後木禺之字又變爲「偶」，說文云「偶，桐人也。」偶非眞物，而物形寄焉。故引伸爲寄義，其字則變作「寓」。凡寄寓者非常在，顧適然逢會耳，故引伸爲逢義，其字則變作「遇」。凡相遇者必有對待，故引伸爲對待義，其字則變作「耦」矣。

如立「乍」字以爲根，乍者，止亡詞也。倉卒遇之則謂之乍，故引伸爲最始之義，字變爲「作」。毛詩魯頌傳曰「作，始也；」書言「萬邦作乂，萊夷作牧；」作皆始也。凡最始者必有創造，故引伸爲造作之義。凡造作者異於自然，故引伸爲僞義，其字則變爲「詐」。又自最始之義引伸爲今日之稱往日，其字則變作「昨」。

如立「羊」字以爲根，羊者，撴也；撴者，刺也；其字從干，干從倒入，入一爲干，犯也；入二爲羊，言稍甚也；其音如飪。羊訓爲刺，又言稍甚，其實今之「甚」字，由羊而變，說文云「甚，尤安樂也，從甘匹，匹，耦也。」男女之欲，安樂尤甚，亦有直刺之義。後人改作凡殊尤之義，則專作「甚」字。凡直刺之義，則變爲「揕」字，史記刺客傳曰「左手把其袖，右手揕其匈」是也。由刺之義引伸爲勝，字變作「戡」，「西伯戡黎」是也。亦借用「堪」，墨子非攻篇云「往攻之，予必使女大堪之」是也。由勝之義引伸復爲勝任。由勝任義引伸復爲支載，於是字變作「堪」，說文云「堪，地突也」，今言堪輿是也。然由甚字有尤安樂義，其字或借作「湛」，毛詩小雅傳曰「湛，樂之久也。」其後有專樂飲酒之義，則又變爲「酖」字。樂極無厭，還以自害，故曰「宴安酖毒」，於是鳥可以毒人者亦得是名，字則變爲「鴆」矣。羊之聲本同「任」，「太宰以九職任萬民」，注曰「任猶傳也」，傳即傳刃之傳，與羊同訓刺。耕稼發土者命之爲「男」，舊皆以任訓男，即羊之變也。侵冬自轉，男之字又變爲「農」矣。

如立「辡」字以爲根，辡者，「罪人相與訟也」。引伸則爲治訟者，字變作「辯」。治訟務能言，引伸則爲辯論辯析。由辯析義引伸則爲以刀判物，於是字變作「辨」。由刀判義引伸則有文理可以分析者亦得是名，其字則變作「辬」。由刀判義引伸則瓜實可分者亦得是名，其字則變作「瓣」矣。

如上所說爲字，禺字，乍字，羊字，辡字，一字遞衍，變爲數名，（廣說此類，其義無邊，今姑舉五事以明之。）說文句部有拘鉤，臤部有緊堅，已發斯例，此其塗則在轉注假借之間。轉注者，建類一首，同意相受。今所言類，與戴段諸君小異，彼則與形，此則與聲，考老聲類皆在幽部，故曰建類。若夫同意相受，兩字之訓不異毫氂。今以數字之意成於遞衍，固與轉注少殊矣。又亦近于假借。何者？最初聲首未有遞衍之文，則以聲首兼該餘義。自今日言，既有遞衍，還觀古人之用聲首，則謂之本無其字，依聲託事。

故曰在轉注假借間也。

茲將上文五例中所舉各字，依其引伸義之次第，表列於次：

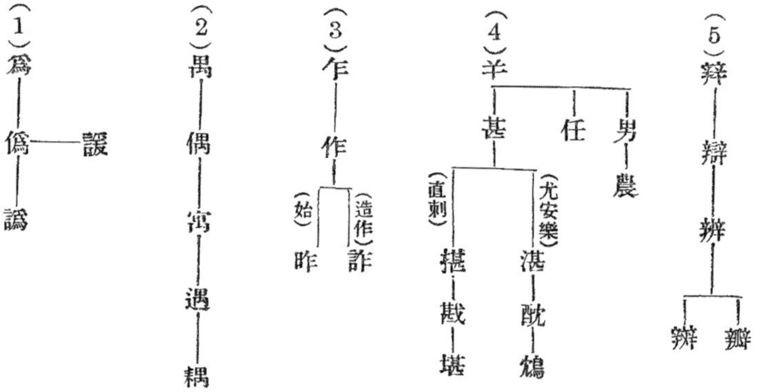

觀此知所舉引伸義各字十九皆與表示語根之字爲聲母與形聲字之關係。 是雖不明言右文，而右文之說得此益增有力之憑證。 不但此也，章先生之論更有進於前人者：（一）自來訓詁家尠注意及語根者，章氏首先標舉語根以爲研究之出發點，由此而得中國語言分化之形式，可謂獨具隻眼。 （二）根據引伸之說，系統的臚舉形聲字孳乳之次第，亦屬創舉。 章先生以後作文始，殆即動機於此。 惟舍八千餘形聲字自然之途逕，從廿三部成均圖假定之學說，其方法復改弦更張矣。 今再引文始之言於次，以資比較：

> 略例庚曰，昔王子韶刱作右文，以爲字從某聲，便得某義。 若句部有鉤笱，臤部有緊堅，丩部有糾茾，𠂢部有𧖴覛，及諸會意形聲相兼之字，信多合者。 然以一致相衡，即令形聲攝於會意。 夫同音之字，非止一二，取義于彼見形于此者，往往而有。 若農聲之字多訓厚大，然農無厚大義。 支聲之字多訓傾衺，然支無傾衺義。 蓋同韵同紐者別有所受，非可望形爲論。 況復旁轉對轉，音理多涂，雙聲馳驟，其流無限，而欲于形內牽之，斯子韶所以爲荆舒之徒，張有沾沾，猶能破其疑滯。 今者小學大明，豈可隨流波蕩。 文始所說亦有嫥取本聲者，無過十之一二。 深懼學者或有錮駤，復衍右文之緒，則六書殘而爲五，特詮同異，以譁方來。

文中批評右文說之弊，謂「取義于彼見形于此者往往而有，非可望形爲論，」的是中肯之語。 然此種紛亂之情形並非無法整理。 蓋推究其理，不外二涂，或緣音近，用代本字；或本無字，祇表音素。 前者即通借法，可依其右文之義以求本字（如文始以農聲之字訓厚大，蓋出于乳。） 後者依聲托事，歸本於音可耳。 宋人固不知此，然清儒諸家於此已略得其鰓理，第尚未充類至盡耳。 誠能以右文爲主，再輔之以章先生之說，縱橫旁達，以求其流衍之勢則語言文字之變雖多岐路，庶亦可以無亡羊之慮。 今文始全書取本聲者，才及十一，將謂二十三部之通轉，勝於聲母與形聲字自然分化之爲可信邪？

其次則有劉氏，左盦集卷四，字義起於字音說上篇之言曰：

古人觀察事物，以義象區，不以質體別，復援義象製名。 故數物義象相同，命名亦同，及本語言製文字，即以名物之音爲字音，故義象既同，所從之聲亦同。 所從之聲既同，在偏旁未益以前僅爲一字，即假所從得聲之字以爲用。

此篇謂古者以聲母代形聲字，所舉之例爲「祖」古作「且」，「作」古作「乍」，「惟」古作「隹」，「貨」古作「化」等，即俞樾湖樓筆談所謂古文假借有文省之例也。 又字義起於字音說中篇曰：

造字之始，既以聲寄義，故兩字所從之聲同，則字義亦同。 即匪相同，亦可互用。 如太師盧豆「邵洛」即「昭格」，盂鼎「妹辰」即「昧晨」是也。 六藝舊文，周秦古籍，同聲之字，互相通用，以佑代祐，以維代惟，委佗猶之委蛇，橫被猶之廣被，均其例也。……此例既明，則知文字之義象均屬於聲，而六書諧聲之字必兼有義。 惟彙舉諧聲之字，以聲爲綱。 即所從之聲，以窮造字最先之誼，則凡姚朱諸家所未言，不難悉窺其蘊也。

此篇謂兩形聲字所從之聲母若同，則其義亦通。 而關於右文之重要理論，則在字義起於字音說下篇中：

試觀古人名物，凡義象相同，所從之聲亦同，則造字之初，重義略形，故數字同從一聲者，即該於所從得聲之字，不必物各一字也。 及增益偏旁，物各一字，其義仍寄於字聲，故所從之聲同，則所取之義亦同。如從叚，從幵，從勞，從戎，從京之字均有大義；從叕，從屈之字均有短義；從少，從令，從刀，從宛，從蔑之字均有小義；具見於錢氏方言疏證，而王氏廣雅疏證詮發尤詳。彙而觀之，則知古人制字，字義即寄於所從之聲，就聲求義，而隱誼畢呈。……

若所從之聲與所取之義不符，則所從得聲之字，必與所從得義之字聲近義同。

如：……「鬃」字下云，「門內祭，先祖所以旁皇也，從示彭聲。」彭旁音義相同，從彭得聲，猶之從旁也，故或體作祊。由是而推：「驚」訓爲駭，「警」「儆」訓爲戒，均從敬聲，則以「敬」「亟」雙聲，古文「敬」「亟」爲一字，字從「敬」聲，猶之從「亟」得聲也。「壓」訓一指按，「懕」訓爲安，均從「厭」聲，則以「安」「厭」雙聲，「安」音轉「厭」，從「厭」得聲，仍取安義也。防爲地理，從阜力聲；泐爲水石之理；朸爲木之理；均從阞聲，則以「理」「力」雙聲，理音轉力，從力得聲，仍取理義也。斐爲分別文，從文非聲；䨽爲大目，從目非聲；腓爲脛腨，從月非聲；則以非與「分」「肥」及「方」，均一聲之轉。斐從非聲，猶之從「分」，「䨽」「腓」從非聲，猶之從「肥」從「旁」也。蓋一物數名，一義數字，均由轉音而生，故字可通用。說文一書亦恆假轉音之字爲本字；即諧聲之字所從之聲亦不必皆本字；其與訓釋之詞同字者，其本字也；其與訓釋之詞異字而音義相符者，則假用轉音之字，或同韵之字也。近儒於古字音訓之例詮發至詳，然諧聲之字音所由起，由於所從之聲，則本字與訓詞音近者，由於所從得聲之字與訓詞音近也。故字從與訓詞音近之字得聲，猶之以訓詞之字爲聲，此則近儒言音訓者所未晰也。即此而類求之，則諧聲之字所從之音不復兼意者鮮矣。

此篇主要之點，在闡明右文諸形聲字所衍之義與聲母之義若不相符時，則當觀其訓詞（即指許書當字之說解），以求其本字。蓋以此類現象爲右文之流變，論右文者不得不注意及之。設於此無法解決，則右文學說終難於訓詁學上達到圓滿應用之目的。故劉氏特闡明其原理與推求其本字之法，用以補救舊說之闕陷，蓋即章先生所謂「取義於彼見形於此者」。惟章氏因此而推翻右文之說，劉氏因此而補充右文之說，見仁見智，各有不同耳；惟劉氏推求本字，一依許書之說解，又似嫌其偏執。

此外學者論及斯說者，尙有梁啓超之從發音上研究中國文字之源（見飲冰室文集卷六十七）其略云：

自來言六書者，每謂形聲爲易解，忽而不講，……吾嘗略爲探索，謂宜從音原以求字原，輒擬爲兩公例：

（一）凡形聲之字，不惟其形有義，即其聲亦有義。質言之，則凡形聲字什九皆兼會意也。

（二）凡轉注假借字，其遞嬗孳乳，皆用雙聲。

試舉最顯著之數音以爲例：

戔，小也。此以聲函義者也。絲縷之小者爲綫，竹簡之小者爲箋，木簡之小者爲牋，農器及貨幣之小者爲錢，價値之小者爲賤，竹木散材之小者爲棧（見說文），車之小者亦爲棧（見周禮注），鐘之小者亦爲棧（見爾雅釋樂），酒器之小者爲盞，爲琖，爲醆，水之少者爲淺，水所揚之細沫爲濺，小巧之言爲諓（見鹽鐵論及越語注），物不堅密爲俴（見管子參患篇）小飲爲餞，輕踏爲踐，薄削爲剗，傷毁所餘之小部爲殘。右凡戔聲之字十有七，而皆含有小意，說文皆以此爲純形聲之字，例如綫下云，「從糸戔聲」。以吾觀之，則皆形聲兼會意也，當云「從糸，從戔，戔亦聲」。舊說謂其形有義，其聲無義，實乃大誤，其聲所表之義，蓋較其形爲尤重也。

假使吾國如用字母，則其字體之結構當何如？試以「戔」字爲例，如凡戔聲之字皆用Chien之一音符號以表之，而其所謂從偏旁，則以其字之首一音母添附語尾，則前舉之十七字者當如下寫：

Ch'ien

Ch'ien ——戔

Chiens ——綫

thinj ——箋

thinp ——牋

thinch ——錢

thinb ——賤
thinm ——棧
thinm ——盞
thiny ——琖
thints ——醆
thins ——淺
thins ——濺
thiny ——諓
thinj ——俴
thinsh ——餞
thints ——踐
thind ——剗
thind ——殘

按梁氏注音頗有可商，茲姑依原寫。 至於殘字從歺，篆作𣦵，音蘖（ŋ-），梁氏以為蒙古文歺字（d），大誤。

此種寫法，與吾國舊文之寫法，孰為便利，此屬別問題，要之此十七字者，同一語根，同一音符，而因以同得一極相似之概念，則章章然也。……若能將全部說文之形聲字，一一按其聲系以求其義，或能於我文字起原得一大發明，未可知也。

又不必其聲之偏旁同一寫法者為然也。 凡音同者，雖形不同而義往往同。如「地」字並不從「氐」而含「低」「底」等義，「弟」字亦因其身材視兄低小而得名，「帝」字有上接下之義，故下視亦稱諦視，「摘」字「讁」字「滴」字，皆以表由上而下之動作。 從可知凡用Dee之一音符所表示者，總含有在下之義，或含有由上而下之意，無論其寫法為氐，為低，為底……為地，為弟，為帝，為滴……而其為同一語原，即含有相同之意味，則歷歷可睹也。

不寧惟是，同一發音之語，其展轉引申而成之字可以無窮。 爾雅釋天云：「天氣下地不應曰雺，地氣發天不應曰霧，霧謂之晦。」 王國維曰：「雺霧晦一聲之轉也，晦本明母字，後世轉入曉母，與黴𪏭諸字同。」 蓋霧音當讀如慕，晦音當讀如每，皆用M母發音，而含有糢糊不明的意味。……以上所舉八十三語，皆以M字發音者，其所含意味，可以兩原則概括之：其一，客觀方面凡物體或物態之微細闇昧難察見者或竟不可察見者；其二，主觀方面生理上或心理上有觀察不明之狀態者。 諸字中孰爲本義孰爲引申義，今不能確指，要之用同一語原，即含有相同或相受之意味而已。

不寧惟是，有一字而其義分寄於形與聲，後起孳乳之字，衍其形兼衍其聲，而即以並衍其義者。 例如「八」字，說文云：「八，別也，象分別相背之形。」 八字發音，與別與背同，既一聽而可察其義矣，其形亦一望而得之。於是從八之字非徒衍八形也，亦衍八聲。 說文「北」字下云：「北，分也，從重八，八，別也，亦聲。」 此明其形聲並衍，至確密矣。 然於其他從「八」之字，則多忘却其衍聲之部分，今舉其應是正之數聲如下：

說文原文	擬改正
分，別，從八從刀，分別物也。	分，別也，從八，從刀，八亦聲。
必，分極也，從八弋，弋亦聲。	必，分極也，從八，弋，八亦聲。
釆，辨別也，象獸指爪分別也。讀若辨。	釆，辨別也，……從重八，八亦聲。
半，物中分也，從八從牛。	半，物中分也，從八從牛，………八亦聲。
平，語平舒也，從于，從八，八分也。	平，分均也，從于，從八，………八亦聲。

欲釋此數字，當先承認錢大昕所發明「古無輕唇音」之一公例。知……皆用B

母發音，與「八」正同。 由是知凡衍「分聲」「北聲」「番聲」「半聲」「平聲」之字，一面既從「八」衍形，一面又從「八」衍聲。形聲合而其義乃益著。 如北聲即古別字，衍而爲背，必字表分別確定之意，此皆豪「八」形「八」聲而衍其義也。 其從分字衍出者：如平均分配爲頒，亦爲攽，文質相半爲份，財分而少爲貧，研米使分散爲粉，目黑白分爲盼，草初生其香分布爲芬，氣候不純良爲氛，鳥所化鼠爲鼢，分而不理爲棼，爲紛，此亦豪「八」形「八」聲而衍其義也。 其從半字衍出者：如物之解剖分析爲判，冰之溶解爲泮，田之界分爲畔，男女好合爲胖，相結偶爲伴，半體肉爲胖，背分爲叛，此亦豪「八」形「八」聲而衍其義也。 其從番字衍出者：如分布種子爲播，迻譯異文爲繙，攷其舊態爲翻，爲幡，髮有二色爲皤，草分布茂盛爲蕃，肉由生而熟爲燔，二水洄漩爲潘，此亦豪「八」形「八」聲而衍其義也。 其從平字衍出者：如郓之分界爲坪，棋局界田者爲枰，水藻旋分旋合者爲萍，此亦豪「八」形「八」聲而衍其義者也。 其僅豪其聲而不豪形者：如北亦爲別，分亦爲彬，爲賁，頒賜之頒亦爲班，頒白之頒亦爲斑，皆或引申或假借而僅留其聲略去其所從之形者也。 如人相與訟爲辡，判其是非得失爲辨，以言相辨爲辯，文之駁雜者爲辬，髮之交結爲辮，蕊之分開者爲瓣，判事已了爲辦（秉士按辦即辨之俗寫不必別列），此雖不從「八」而仍從「八」聲以遞衍成義者也。 以上所舉四十四字，皆用P母發音者，所含義不外兩種：（一）事物之分析分配分散，（二）事物之交互錯雜，而其語原皆同出於一。

梁氏「同一發音之語，其展轉引申可以無窮」之說，大氐同於程瑤田果臝轉語考，王念孫釋大，朱士端彊識編方言補義說雙聲疊韵字展轉相通條，張行孚說文發疑釋蠡，劉師培左盦集釋蒹盧，釋𪅰，王國維爾雅草木蟲魚鳥獸釋例諸說，惟梁氏換用羅馬字母拼寫，自然罕譬而喻矣。 又標舉說文誤以形聲爲會意（釆字原爲象形，不誤，似不應闌入，）各字而窮其分衍之語，其說甚辨。 惟不知同從一聲者亦往往有不同派之意義，如從番聲之皤，老人白也；䴵，廣雅，白䴵；蟠，鼠婦也，似白魚；皆有白義。 其它，幡，書兒拭觚布；潘，淅米汁；蓋亦均因白色得名，不必強爲歸納一律釋爲「分」也。 逆之，又不知同一意義之諸字亦正不必同從一聲母。 如從粹字者多有分義，正不必改釆之象形爲從「八」聲，而後可根據釆古文辨字，以說明「辨」「辮」諸字仍從「八」聲以遞衍成義也。　至於改從平舒得義之「坪」「枰」「苹」等字爲均取分義，舍淺顯而趨艱深，未見其然。

六　諸家學說之批評與右文之一般公式

茲將自宋以來諸家右文之說下一總評，藉以說明余之意見：

（1）自來諸家所論，多不知從此種學說之歷史上着眼觀察其作者何代，述者何人。　徒憑一己一時之見到，騰諸口說，詡爲發明。　實即古人陳說，第有詳略之不同，絕少實質之差別。　此爲學說不易進步之最要原因。

（2）諸家所論，或偏重理論，或僅述現象，或執偏以該全，或舍本而逐末，若夫具歷史的眼光，用科學的方法，以爲綜合歸納之研究者，殊不多覯。

（3）夫右文之字，變衍多途，有同聲之字而所衍之義頗歧別者，如非聲字多有分背義，而「菲」「翡」「痱」等字又有赤義；吾聲字多有明義，而「齬」「語」（論難）「敔」「圄」「啎」等字又有逆止義，其故蓋由於單音之語，一音素孕含之義不一而足，諸家于此輒謂「凡從某聲，皆有某義」，不加分析，率爾牽合，執其一而忽其餘矣。

（4）上文所舉聲母「非」訓「違」，其形爲「從飛下翅，取其相背」，故其右文爲分背義，此聲母與形聲字意義相應者。　至「非」之右文又得赤義，則僅借「非」以之表音，非本字也。　又「吾」之右文爲「逆止」義，或借爲「午」字，至又有明義，則其本字復不可得而碻知矣，（章先生小學答問「穌」字條云：「魚之爲言寤也，釋名言魚目不閉是也，孳乳爲寤。」　說亦可通。）　諸家於此又多胡嚨言之，莫爲別白。

（5）又有義本同源，衍爲別派。　如「皮」之右文有：（一）分析義如「詖」「簸」「破」諸字，（二）加被義如「彼」「鞁」「貱」「髲」「被」諸字，（三）傾衺義如「頗」「旇」「跛」「波」「披」「陂」「坡」

諸字。求其引申之迹，則「加被」「分析」應先由皮得義，再由分析而又得傾衺義矣。又如「支」之右文先由「支」得岐別義如「芰」「跂」「⿰鬲支」「⿰豸支」「枝」「岐」諸字，再由岐別義引申而得傾衺義如「𢻱」「頍」「攱」諸字，諸家於此率多未能求其原委。

（6）復有同一義象之語，而所用之聲母頗岐別者。蓋文字孳乳，多由音衍，形體異同，未可執著。故音素同而音符雖異亦得相通，如「與」「余」「予」之右文均有寬緩義，「今」「禁」之右文均有含蘊義。豈徒同音，聲轉亦然，「尼」聲字有止義，「刃」聲字亦有止義（刃字古亦在泥母），如「仞」「訒」「忍」「紉」「韌」是也。「虋」聲字有赤義（虋古音如門），「蔄」聲字亦有赤義，如「璊」「樠」「𣯌」是也。如此之類，爲右文中最繁複困難之點，儻忽諸不顧，非離其宗，即絕其脈，而語勢流衍之經界慢矣。諸家多取同聲母字以爲之說，未爲澈底之論也。

（7）訓詁家利用右文以求語言之分化，訓詁之系統，固爲必要。然形聲字不盡屬右文，其理至明，其事至顯。而自來傾信右文之說者，每喜抹殺聲母無義之形聲字，一切以右文說之，過猶不及，此章氏之所以發「六書殘而爲五」之嘆也。

（8）說文本爲一家之言，其說字形字義，未必盡與古契（漢魏六朝蒼雅字學爲派不一）。自宋以來，小學漸定一尊于說文。及清而還，訓詁家更尊其說解以爲皆是本義，殊爲偏見。今羣右文，固不能不本諸說文，然亦宜旁參古訓，鉤通音理，以求其從橫旁達之勢。諸家多囿於說文，其所得似未爲圓滿。

準此以觀，治右文之說者，——

（一）於音符字須先審明其音素，不應拘泥於字形；

（二）於音素須先分析其含義，不當牽合於一說。

茲本此定義，定爲表式如下：

表式凡例

凡字之古讀，依今日古聲韵學之智識，祇能粗得阡陌，而難確定其音値。且聲母與形聲字每多異讀，如「非」之與「排」「輩」，「皮」之與「波」「頗」，「眞」之與「闐」「顛」，「吉」之與「壹」，「音」之與「涪」，「林」之與「禁」，「兼」之與「濂」，「僉」之與「歛」「險」，「鹹」之與「覃」，其音之古今，有可審定者，有難斷言者。在古音系統尙無定論之時，注音實爲一大難點。故表中不用拼音字母表示音素，但於每一聲母下注明反切（依廣韵）及「紐」「韵」，學者自可據此以測古音演變之軌迹。惟字音之古今與字形之先後並非一致相應，此種現象亦須注意也。

凡常訓達詁，多依許書說解（不一一註明）。其有說文不可信者，則旁求古訓以釋之。間亦辨明說文之誤處。

說文泥於據形分部之例，往往一語偏旁異字而區爲二部。又拘於一字一訓之法，往往一義表裏相成而分屬兩字。或以爲凡將訓纂相承別爲二文，故許君不竟說爲一字。余謂此等字直目之爲「重文」可耳，故於「跛」「尯」「箴」「鍼」之類，皆併書於一格。

說文爲字書，以字爲單位，故於複音辭亦分析之爲字。惟說解中別具公式：如「甲乙」一語爲辭，則「甲」下云「甲乙，△△也，」「乙」下云「甲乙也，」（亦有變例），以表示其原爲聯綿之辭。表中遇此等辭中之字，亦即連書之，使讀者得以考察語辭連綴變演之跡。

表一　　右文之一般公式

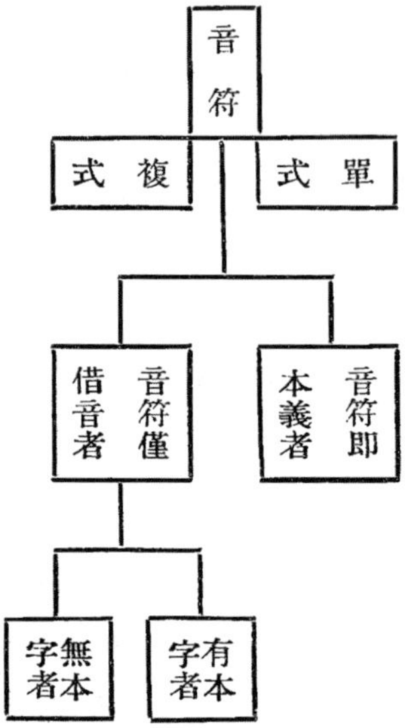

表二　　本義分化式

（1）

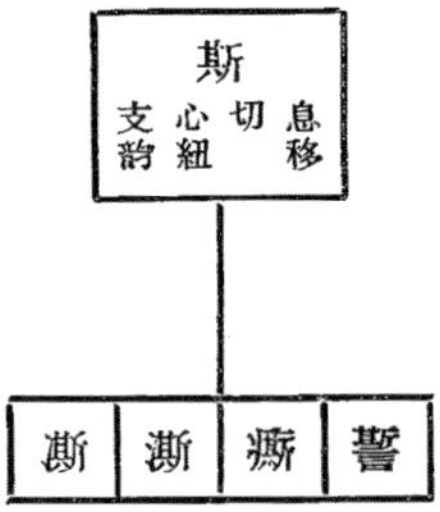

注：　斯，析也。　廣雅釋詁，斯，分也。　王念孫疏證云，今俗語猶呼手裂物為斯是也。　又廣雅釋詁，𥖁，磨也。　集韻引字林，𤭛，甕破也。　皆即斯也。　誓，悲聲也。　𤺺，散聲。　古籍多用𤺺，或作嘶，悲慟則聲散，誓，𤺺實一語而異字耳。　澌，水索也。　凘，流仌也。　案齒音字多有分

散破碎之義。 又莊子至樂，乾餘骨之末爲斯彌，斯彌爲養醯。 斯彌，李注，蟲也。 食醯，司馬本作蝕醯，云若酒上蠛蠓也。 案斯彌爲小蟲，亦爲斯之分化語，分析之則小矣。

（2）

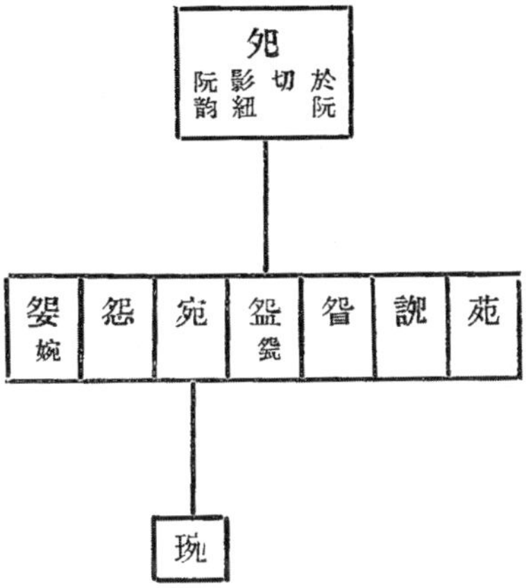

注： 夗，轉臥也，故有屈曲義。 苑，說文，所以養禽獸也。 又囿，苑有垣也。 段注〔高注淮南（本經訓）曰有牆曰苑，無牆曰囿。 與許互異，蓋有無互譌耳。〕 案玄應音義引字林，苑，有垣也。 又云，有垣曰苑。程瑤田字林考逸書後曰，〔有垣曰苑，無垣曰囿，字林之精義也。 文王之囿七十里，齊宣之囿四十里， 安得築垣以限之， 而說文乃以囿爲苑之有垣者，玉篇舍字林而從說文，亦辨之不審者。〕 今以右文之律推之，高呂合而說文違，從可知矣。 蓋苑者謂其四圍高， 中央宛宛然有容也， 段說未諦。 詋，慰也。 人之受屈者以善言安其心謂之詋， 物之不平者以火斗按之使平謂之熨， 其意一也。 眢， 目無明也。 左傳宣十二年釋文引字林，眢，井無水。 盌，甇，小盂也。 宛，屈艸自覆也。 內則兎爲宛脾，注，宛或作鬱。 又史記律書， 陽气冬則宛藏于虛心， 正義云，宛音蘊。 是宛也，鬱也，蘊也，一語之轉耳。 怨，恚也。 謂不槩於心也。

娶，婉，順女也。琬，圭有琬者。段玉裁謂圭首圜剡是也。此與爾雅釋山「宛中隆」同解。蓋「宛中宛丘」，謂丘之四方高中央下者形如◡，而山之中隆者亦得曰宛，形如◠，形似相反，義實相成也。徐鍇繫傳，「琬謂婉然宛也」，未得其解。又釋名釋形體，腕，宛也，言可宛屈也。皆其義也。

表三　引申義分化式

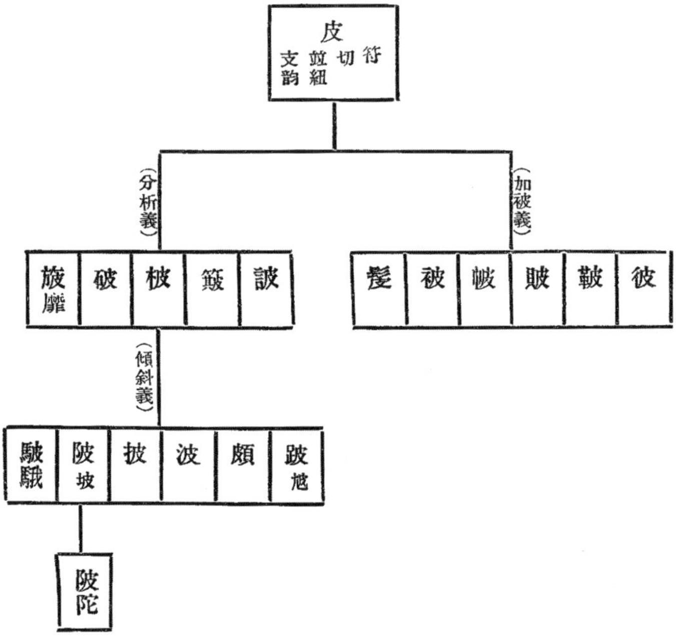

注：皮，剝取獸革者謂之皮。釋名釋形體，皮，被也，被覆體也。廣雅釋詁，皮，離也。釋言，皮，剝也。段玉裁說文皮字注「引申凡物之表皆曰皮，凡去物之表亦皆曰皮」是也。準之以分析皮聲之字，得下列三義：

加被義： 彼，往有所加也。 桂馥義證謂「加」當為「如」，蓋桂氏昧於皮有加義，故不得其解而議改耳。 鞁，車駕具也。 貱，迻予也。 帔，帬帔也。 被，寢衣也。 髲，益髮也。

分析義： 詖，辨論也。 簸，揚米去糠也。 柀，一曰析也。 破，石碎也。 旇靡，旌旗披靡也。 繫傳云「披靡，四散皃。」 戴侗六書故云「風之所吹，披散偃靡也。」 段玉裁注則謂「披靡當是推靡之誤」，王紹蘭訂補駁之，是也。 茲據右文之律判之，段說之不足信更顯然矣。

傾衺義： 分析則斜欹矣。 跛，尳，行不正也。 頗，頭偏也。 波，水湧流也。 披，從旁持，方言，披，散也。 坡，陂，阪也。 方言六，陂邪也。 又玉篇陂，彼皮切，澤鄣也，池也，又碑僞切，傾也，衺也，又普何切，陂陀，靡迤也， 案別義異聲，於古不爾。 而普何之切，獨近古讀，蓋複音聯綿之詞中每易保留古音也。 駊騀，馬搖頭也。

表四 借音分化式

(1)

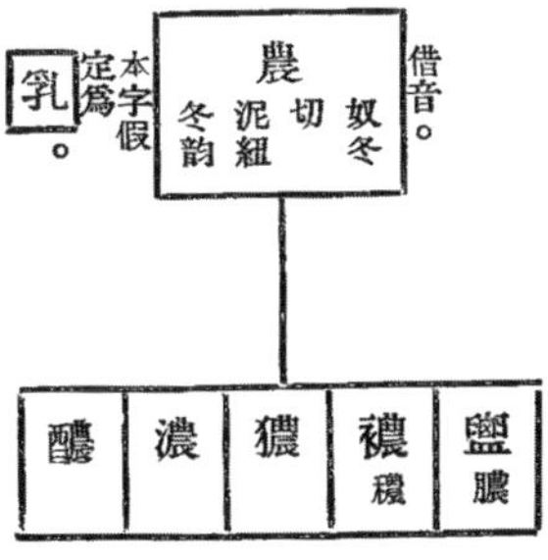

注： 農，耕也。 無濃厚義，故文始謂其「蓋出于乳」，乳于古亦為泥紐音，故農借為乳而得濃厚之義。 𧖧，腫血也。 襛，衣厚皃。 獿，字林，多毛犬也。 濃，露多也。 醲，厚酒也。 又方言十「䌰」，「繷」多也。 南楚凡大而多謂之䌰，或謂之繷。 按凡泥紐字多含重滯不流利之義。

（2）

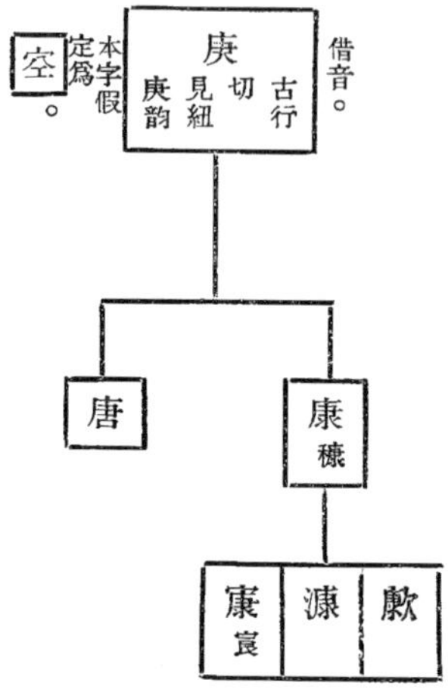

注： 庚，位西方，象秋時萬物庚庚有實也。 無空義。 考說文以外之古訓及卜辭金文之形體，亦均無空義之朕兆可尋。 蓋與［空］爲雙聲而借諧耳。康，穀之皮也。 詩賓之初筵酌彼康爵箋，康，空也。 㝩㝗，屋㝩㝗也。按今俗尙謂大而無當曰㝗㝩。 𣣚，飢虛也。 漮，水虛也。 爾雅釋詁，虛也。

又 唐，大言也。 莊子天下篇，［荒唐之言］，其義爲不實，引申爲陂唐，俗作塘。 又爾雅釋宮，廟中路謂之唐。郭注，詩曰，中唐有甓。 按唐之引申爲道路，猶康之引申爲道路，［五達謂之康］是也。

（3）

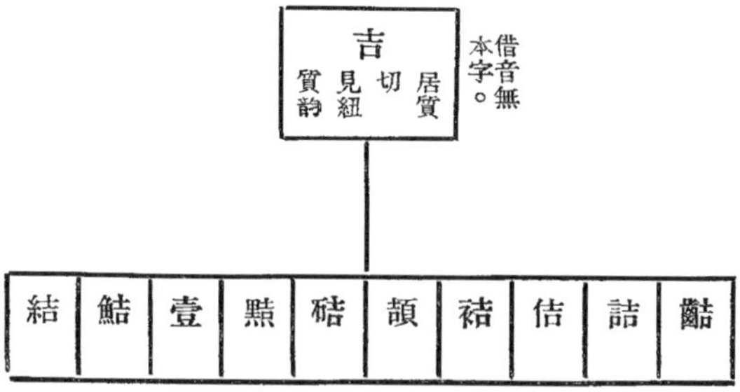

注： 吉，善也。 無堅義。 而釋名釋言語，吉，實也。 吉之訓實，殆借音耳。 齰，齒堅聲。 (從右文之理觀之，正不必依段氏從玉篇訂爲齧堅也。) 詰，問也。 書立政注，詰，實也。 詰訓問，又訓實，猶貞訓問又訓當（書洛誥注）訓定（釋名釋言語）之例。 佶，詩六月四牡旣佶箋，壯健之皃。 袺，執衽也。 頡，直頸也。 硈，石堅也。 爾雅釋言，硈，鞏也。 黠，黑堅也。 壹，專壹也。 鮚，蚌也。 蓋以殼之堅實得名。 結，締也，案今俗尚有結實語。 吉有堅意，當於音理求之。 陳詩庭讀說文證疑謂〖凡字從吉者皆有曲義〗，恐未必然，蓋吉聲之字取義於堅固，故直挺不撓可謂之頡。 鞏固不伸亦可謂之結。 陳氏一切以曲義說之，未能得其總理。

吳承仕云：〖吉訓堅實，恐非借音，賢從臤聲而訓爲多才，猶吉訓善而自有堅義，蓋堅實與完善，義自相成，故吉人，善人，賢人，得通稱也。 以賢有善義，可比知吉有堅義，〗其說亦通。

（4）

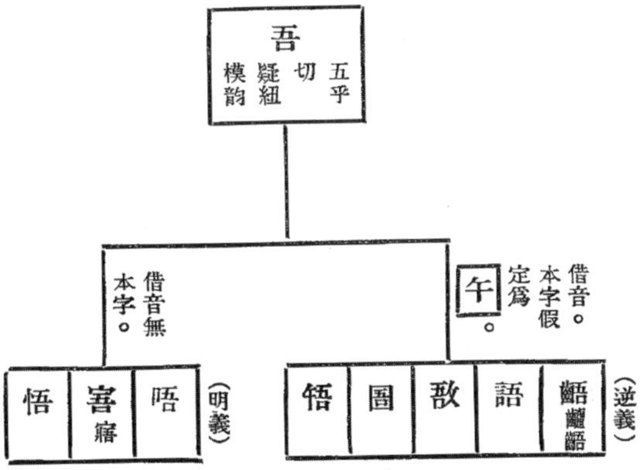

注： 吾，我自稱也。 無逆義。 午，啎也，五月陰气午逆陽冒地而出也，此與矢同意。 許說午字形雖不足信，然逆義要是古訓，殆即杵之初文，杵有啎逆義，〖吾〗其借字耳（石鼓文吾字作遳）。 明義之本字則未可定。
逆義： 齬，齒不相值也。 絫言之爲齟齬。 語，論也。 (論難曰語。) 敔，禁也。 圄，守之也。 啎，逆也。 蓋自午借爲干支專名，然後造半音符之啎以代之。

明義： 晤，明也。 寤，寤也。 寤，寐覺而有信曰寤。 (信字段改爲言。) 按寤，寤殆重文。 悟，覺也。

表五　本義與借音混合分化式

(1)

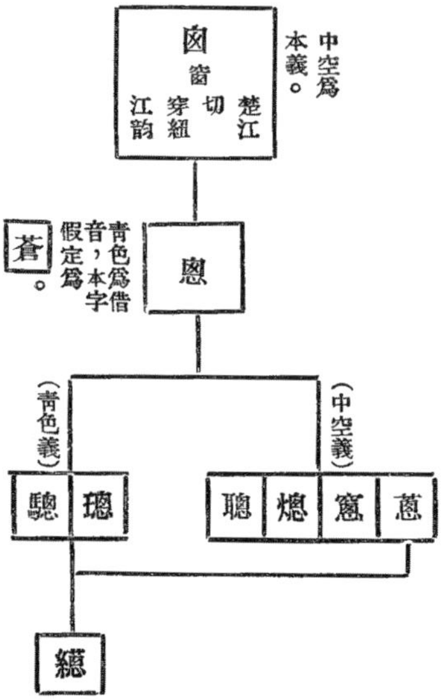

注； 囪，在牆曰牖，在屋曰囪。 悤，多遽悤悤也。 按此殆爲聰察字之初文，故漢書郊祀志，怱明上通，顏師古注，怱與聰同。 多遽悤悤，借音之疊字連語耳。 段玉裁注謂「孔隙既多而心亂」，語殊牽强。

本義中空： 蔥，菜也。 蓋因其中空而得名。 窻，通孔也。 案「囪」「窗」古今字，窻又爲其別寫，(廣韻「窗」「窻」同字)。 說文以通孔釋窻，義似別於在屋之囪，其實恐未必然。 在屋之囪原以上通出煙，兼納光氣，讀音爲倉紅切，其後竈突仍在屋上，而取明通氣之孔則移施於牆壁，以便其用，此宮室制度之進化也。 其音煙囪仍呼倉紅切(東)，窗牖則變爲楚江切(江)此語言之轉變也。 其字，竈突用「囪」，取明用「窗」，此文字之流別也。 溯厥本始，原爲一物一語耳。 後人不察歷史之變遷，徒泥於說文廣韻之區別音義而曲爲之說，字形字義分之愈晰，而語言之原離之愈遠，語云，大道以多歧亡羊，此之謂也。 熜，然麻蒸也。 麻榦質鬆易然，故得熜名。　聰，察也。　耳以中空而聽。

借爲「蒼」，青色。　瑲，石之似玉者。　驄，馬青白雜毛也。　繱，帛青色也。

（2）

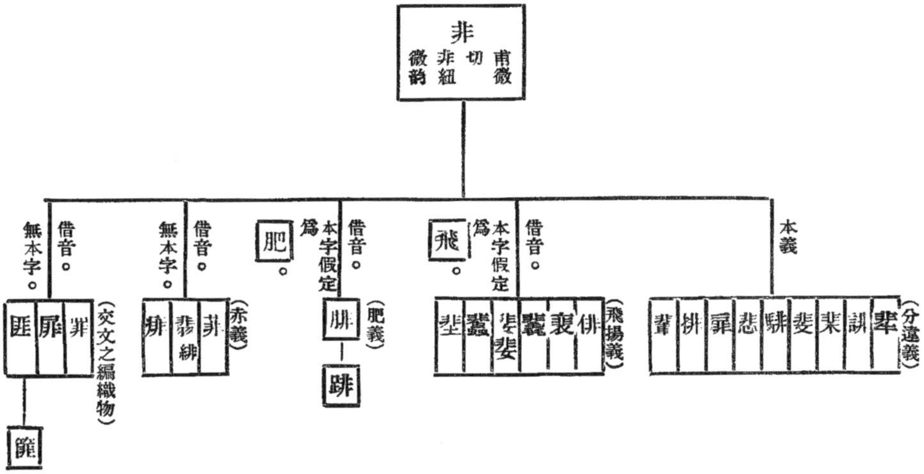

注：　非，違也，從飛下翄，取其相背也。　戴侗六書故，周伯琦說文字原皆謂與飛爲一字。　蓋其後非飛異用，乃加虫爲蜚。　史記周本紀蜚鴻滿野，正義云，蜚古飛字是也。　故非字得有分違與飛揚二義。

分違義：　靟，兩壁耕也（從段注）。　誹，謗也。　棐，輔也。　荀子性惡，「繁弱鉅黍，古之良弓也，然而不得排（即棐）檠，則不能自正。」楊倞注，「排檠，輔正弓弩之器。」　故徐鍇繫傳云，「棐即弓檠。」　蓋所以檃栝矯正之，是輔義即從違義出也。　斐，分別文也。　騑，驂旁馬也。　案駕三馬曰驂，在中曰服，在邊曰騑。　悲，痛也。　徐鍇繫傳云，「心之所非則悲矣，」是悲有違失義。　段注，「悲者痛之上騰者也，從其聲而得之，」謂悲取飛揚義，未爲得之。　扉，戶扇也。　案扇，扉也。　徐鍇云，象鳥之翅。　排，擠也。　釋名釋言語，非，排也，人所惡排也。　輩，若軍發車百兩爲一輩。　段注云，「非者，兩翅形，聲中有會意。」

飛揚義：　俳，戲也。　蓋取其長袖飛舞之意。　裵，長衣皃。　蠹，毛紛

紛也。 斐，往來斐斐也。 蜚，臭蟲，負蠜也。 蓋因其輕小能飛而得名。 蜚，蠹也，

肥義： 腓，脛腨也。 易「咸其腓，」荀爽作肥。 即今俗所謂腿肚。 踋，跀也。 跀其脛腨，故亦名踋。 (毛詩衞風泉水「我思肥泉」傳，「所出同所歸異爲肥；」爾雅釋水，「歸異出同流肥；」案肥非同音通借，故蜚亦作蜰，非有別違義，故泉以「所歸異」而得肥名。釋名釋肥泉曰，「本同出時所浸潤少，所歸各枝散而多似肥者也，」直以肥義釋之，說殊牽強。)

赤義： 菲，芴也。 爾雅「菲，蒠菜」，郭注，「菲草生下溼地，似蕪菁，華紫赤色，可食。」 翡，赤羽雀也。 緋，其後起字也。 痱，風病也。 今人夏日膚生瘤癧謂之痱子，其色赤。

交文之編織物： 罪，捕魚竹网。 屝，履屬。 儀禮喪服傳，繩菲，菲即屝。 方言四，屝，屨，麤，履也。 玉篇，屝，草屩也。 古蓋以草繩編之。 釋名釋衣服，屝，皮也。 以皮音傳會釋之，誤矣。 用皮爲之，殆後起之制。 (吳夌雲廣韵說十二蠹云，「屝，古只作非，其義只在非字，猶言屨必稱兩也，」如吳說則屝字宜列於分違義下。) 匪，器似竹篋。 篚，車笭也。 物雖不同而其爲交文編織之器則一也，故其語根相同。

表六　　複式音符分化式

（1）

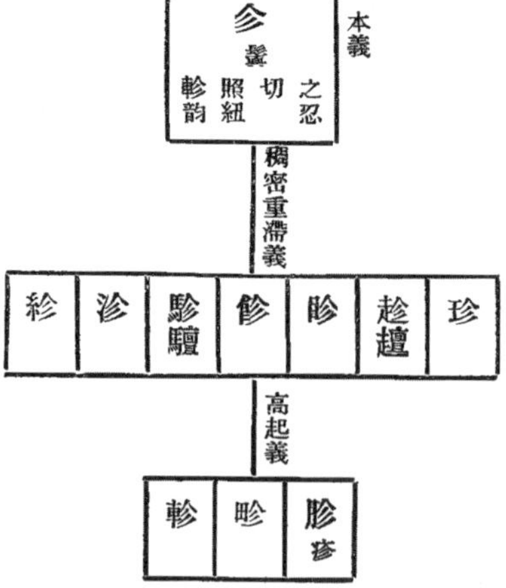

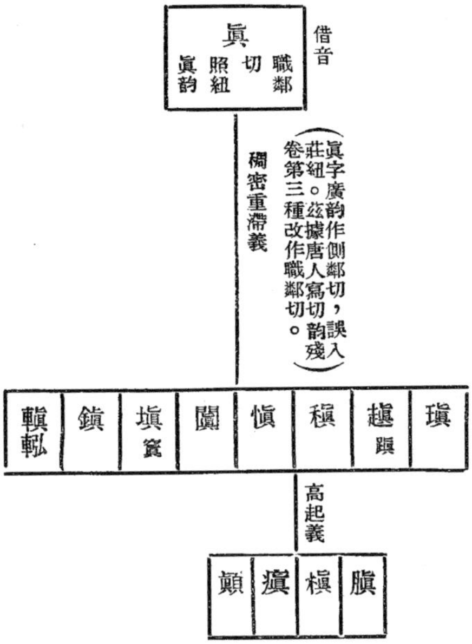

注： 㐱，稠髮也。 或從眞聲，作鬒。

稠密重滯義： 珍，寶也。 趁，邅也。 集韵，趁邅，行不進皃。 案趁邅即駗驙之重文，複音語也，說文以互訓式注之非也。 眕，目有所恨而止也。 爾雅釋言，眕，重也。 左傳隱公三年，憾而能眕。 飻，貪也。 駗驙，馬載重難也。 沴，水不利也。（今音郎計切非本音也。） 紾，轉也。 或借用眞： 周禮典瑞，珍圭以徵守。 杜子春云，珍當爲鎭，書亦或爲鎭。 是㐱眞可通之證。 瑱，以玉充耳也。 釋名，瑱，鎭也，懸當耳旁，不欲使人妄聽，自鎭重也。 趪，走頓也。 蹎，跋也。 按趪，蹎重文。 稹，穜概也。 周禮曰，「稹理而堅」。 詩鴇羽傳，「苞，稹也」，箋，「稹者，根相迫迮梱致也」。 釋言郭注，「今人呼物叢緻者爲稹」。 愼，謹也。 闐，盛皃。 塡，窴，塞也。 鎭，壓也。 輴軫，車鎭軫聲也。

㐱之引申爲高起義： 胗，脣瘍也。 玄應音義三引三蒼，疹，腫也。 玉篇，疹，癮疹，皮外小起也。 畛，井田間百也。 軫，車後横木也。

或借用眞：　䐜，起也。　槇，木頂也。　瘨，腹張。　顚，頂也。

（2）

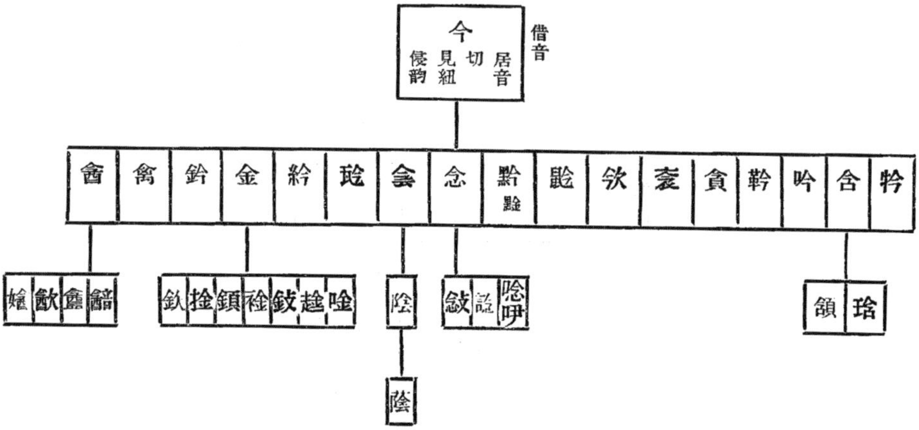

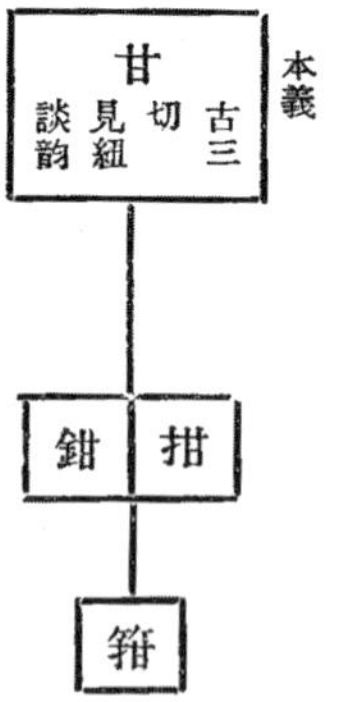

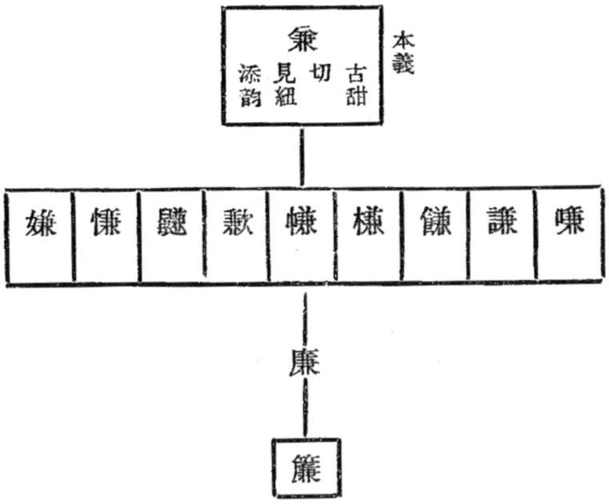
兼
古甜切
見紐
添韻
本義
嫌
慊
鬑
歉
螊
槏
鎌
謙
嗛
廉
簾

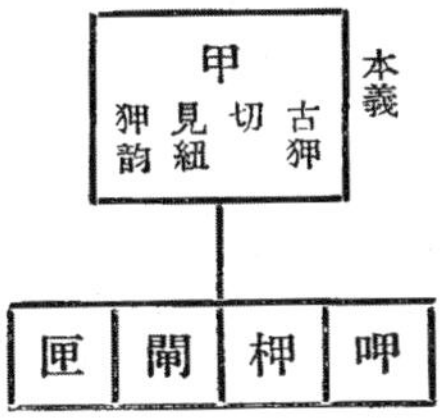
甲
古狎切
見紐
狎韻
本義
匣
閘
柙
呷

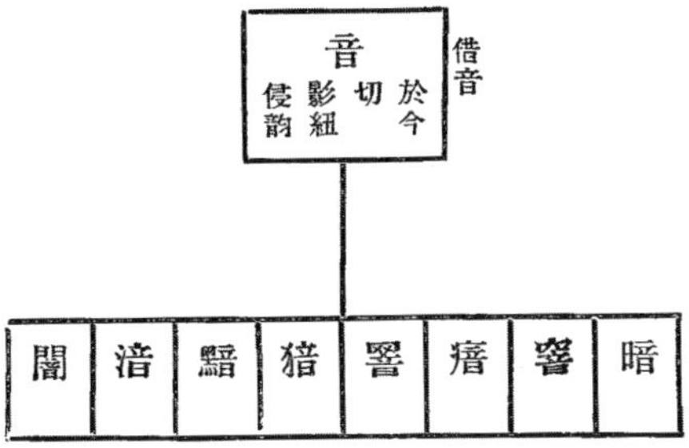
音
於今切
影紐
侵韻
借音
闇
湆
黯
罯
瘖
窨
暗

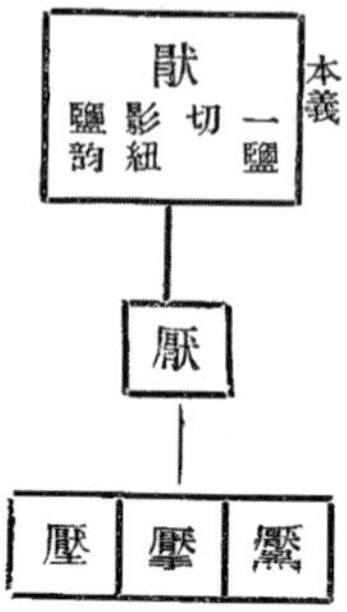
猒
鹽 影 切 一
韻 紐 鹽
本義
厭
壓
擪
黶

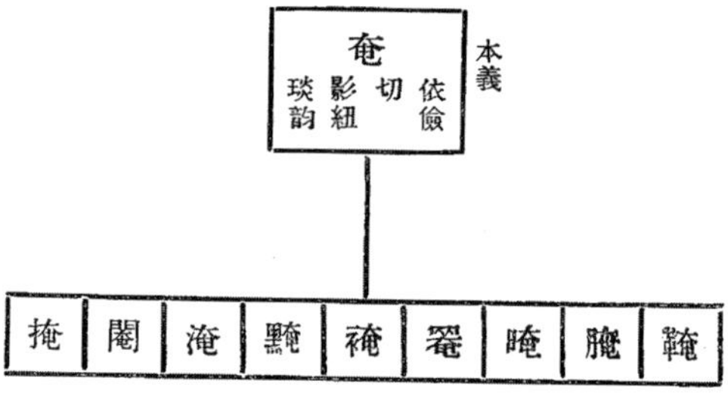
奄
琰 影 切 依
韻 紐 儉
本義
掩
閹
淹
黤
裺
罨
晻
腌

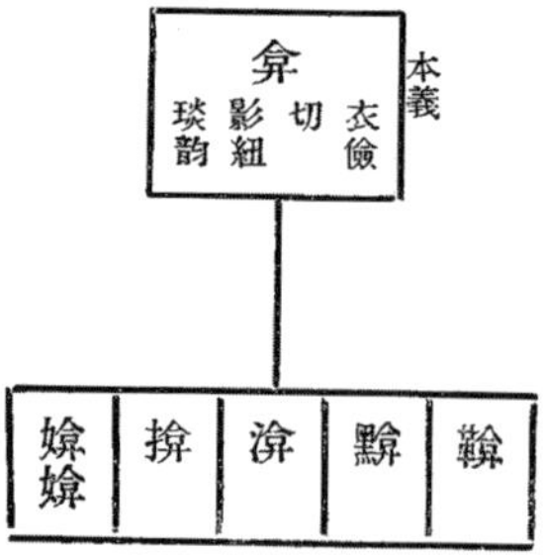
弇
琰 影 切 衣
韻 紐 儉
本義
揜
渰
黭
鞥

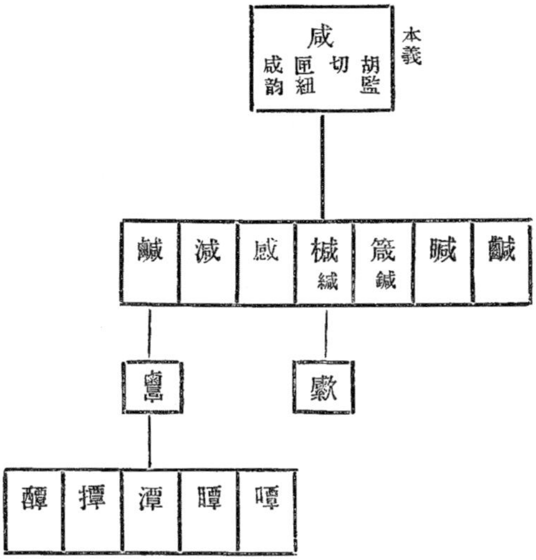
咸
胡監切
匣紐
咸韵
本義
鰔
減
椷
緘
箴
鍼
䁍
鹹
覃
醰
撢
潭
瞫
嘾

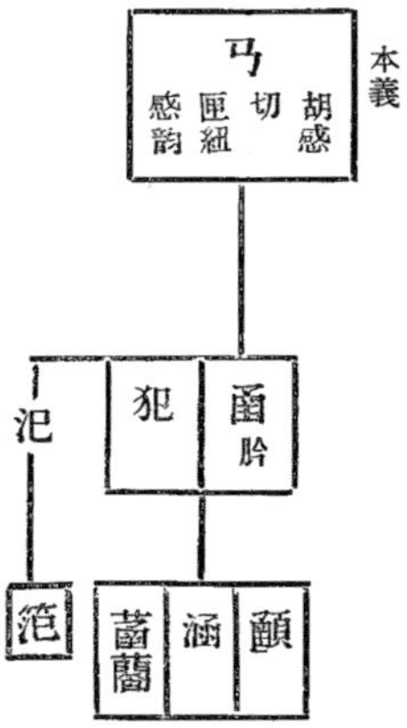
马
胡感切
匣紐
感韵
本義
氾
犯
函
肣
范
菡
涵
頷

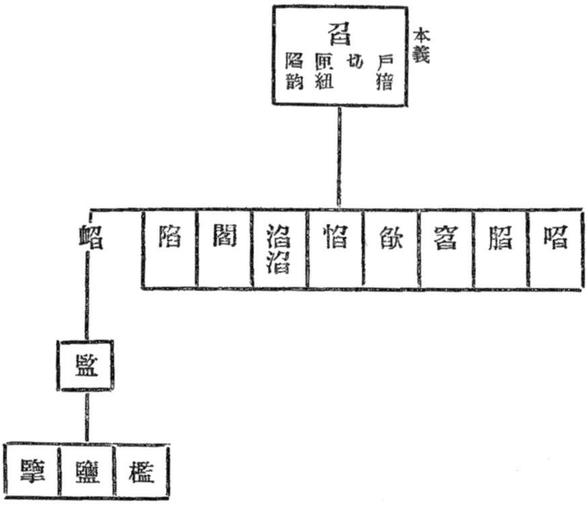

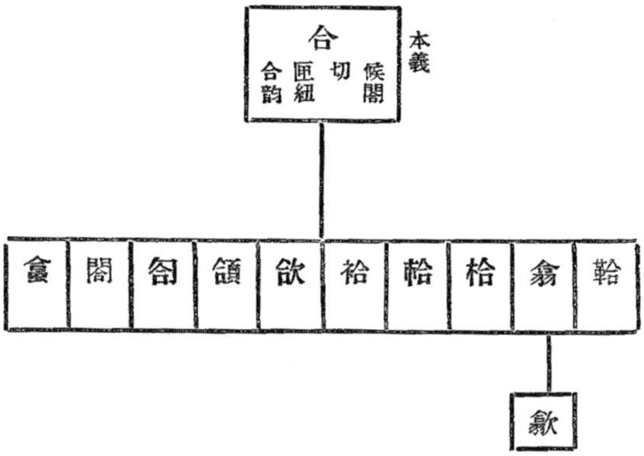

注： 凡從今聲金聲者，多有禁持蘊含之義。（陳詩庭讀說文證疑云，「從今者皆有舌義，」又引錢侗說「從今字有交接之義。」吳夌雲經說「凡物有口可含容者，字每從今得聲，」說雖各異，義實相通。） 然今，文選南都賦注引蒼頡篇，時辭也；詩摽有梅傳，急辭也；說文，是時也；皆無此義。

蓋以聲通借爲金。　金，說文，五色金也，黃爲之長，久薶不生衣，百鍊不輕，從革不違，西方之行，生于土，從土，左右注，象金在土中形，今聲。白虎通五行，及釋名釋天均訓金爲禁，是金之得名，由於薶蘊於土中之故也：　牞，牛舌病也。　含，嗛也。　吟，呻也。　藝文類聚及御覽引說文作「吟，歎也。」　按說文「嘆，吞歎也，歎，吟也。」　而毛詩中嘆歎兩體錯出，蓋係重文。　吟即吞嘆也。　段注申許，謂歎近於喜，嘆近於哀，似未足信。　紟，儀禮士喪禮「緊用紟。」　廣雅釋器「鞮，履也，其紟謂之綦。」　以紟爲紟。　類篇，「紟，鞮帶也，束物韋也；」說文「紟，鞮也；」或是傳寫奪「帶」字耳。　故紟字系諸「鞙」「韇」之後，不與「靮」「鞮」「鞍」等爲伍。　若以右文之例（紟爲衣系）推之，亦當以鞮帶之義爲長。　貪，欲物也。　衾，大被。　欦，含笑也。　鼢，鼠屬，廣韵謂之鼢鼠，即鼷也。　黔，黎（俗作黧）也。　案黑色含幽深蘊藏之象徵。　黚，黃黑也。　殆同字。　念，常思也。　釋名釋言語，念，黏也，意相親愛，心黏不能忘也。　侌，雲覆日也。　琀，治橐幹也。　案取其兩幹相含開合吹風以爲用也。　紟，衣系也。　釋名釋衣服，紟，亦禁也，禁使不得解散也。　鈐，玉篇，車轄也。說文鈐鏅大犂之訓，恐是託名標識之別義，說詳後。　禽，走獸總名，謂擒來也。　酓，酒味苦也。　琀，送死口中玉也。頷，方言十「頷，頤，頜也；南楚謂之頷，秦晉謂之頜，頤，其通語也。」釋名釋形體，「頤，………或曰頷，頷，含也，口含物之車也。」　說文，頜，顄也。　顄，頤也。　是頷顄頜三字一語之轉。　而說文頷下獨訓面黃也。　蓋因離騷「長顑頷其何傷」，假頷爲顑，（顑顑爲不飽面黃之義。）遂誤以借義爲本義耳。　段注及王氏句讀均泥於許書，又不得其說。　王氏至謂「頷訓面黃，蓋是生質，顑之面黃，乃由餓病，」語甚可笑。　畢沅釋名疏證亦謂「頷，含也之頷，當作頜，或作顄亦可。」　皆由於過信說文，遂致動成窒礙。　今律以右文之理，則頷，顄，頜三字聲義正是一貫。　至於顑頷，乃別一複音之辭。　以頷爲顑，固無不可。　蓋複音辭多以聲狀意，初無一定之字。　黃生義府之論猶豫傑僂，已詳言其故。　吳玉搢作別雅，益暢其流。訓詁家不應忽之也。 唅吚，呻也。 諗，深諫也。 歙，塞也。 陰，闇也。 蔭，草陰地。 唫，口急也。 趛，低頭疾行也。 鈙，持也。 裣，交衽也。 經傳通用「衿」「襟」。 顉，低頭也。 按趛，顉實一語耳。 許君望形生訓，故以從頁者訓低頭，以從走者訓疾行也。 捦，急持衣裣也。 欽，欠皃。 按與低頭之顉，亦爲一語，欠皃即低頭，所以爲敬容也，故欽通訓爲敬。 韽，下徹聲。 周禮春官典同，「微聲韽」。 注，「韽，聲小不成也。」 徐鍇說文繫傳「謂聲不能越揚也。」 盦，覆蓋也。 歓，歠也。 釋名釋飲食，飲，奄也，以口奄而引咽之也。 嬒，含怒也。

甘，美也。 從口含一。 釋名釋言語，甘，含也，人所含也。 故从甘聲者亦有禁持蘊含之義： 拑，脅持也。 鉗，以鐵有所劫束也。 箝，籋也。

兼，幷也。 從又持秝。 兼持二禾，秉持一禾。 故從兼聲者，亦有禁持蘊含之義： 嗛，口有所銜也。 謙，敬也。 案从兼聲者有兼倂之義，而「謙」「歉」則有虛受之義，亦猶从襄聲之「讓」「攘」有侵犯與却謝二義相反適相成也。 鎌，韓詩外傳一，穀不收謂之鎌。 說文，鎌，嗛也，疑當作饑也。 槏，戶也。 幨，帷也。 歉，食不滿也。 鼸，鼢也。 爾雅郭注，「以頰裏藏食者。」 慊，禮記坊記，貴不慊于上；注，慊，恨不滿之皃。 說文，慊，疑也。 不滿故疑。 嫌，不平於心也。 簾，堂簾也。 聲類「簾，戶蔽也。」 與幨音同義近。 案從兼聲者如顩廉磏䰈鎌隒等字，又有稜利之義，此則別一系統也。

甲爲從木戴孚甲之象。 釋名釋天，甲，孚也，萬物解孚甲而生也。 案易彖傳「甲坼」乃甲之本義。卜辭作田者象甲，金文作十者象坼。 竊疑累字上作⊕形殆亦同意。 故從甲聲者亦有禁制蘊藏之義： 呷，吸呷也。 柙，檻也，所以藏虎兕也。 閘，開閉門也。 匣，匱也。

或借用音： 暗，日無光也。 窨，地室也。 瘖，不能言也。 罯，覆也。 廣韵云，魚網。 疑與罨爲重文。 猎，竇中犬聲。 黯，深黑也。

湆，幽溼也。（五經文字謂「湆從泣下日，幽深也，」似誤。）闇，閉門也。

猒，飽也。漢書高帝紀，因東游以猒之；注，塞也。案自內言之曰飽，自外言之曰塞，其義一也（載籍多以厭爲之）。故從猒聲者亦有禁制蘊藏之義：厭，笮也。一曰合也。黶，中黑也。大學注，厭，讀爲黶，黶者、閉藏皃也。案黶之訓黑，殆與黔同。書禹貢，厥篚檿，史記夏本紀作酓絲，是厭聲今聲古可通之證。擪，一指按也。壓，壞也。一曰塞補。案壓即厭之重文，段玉裁云「此與厂部厭義絕不同，而學者多不能辨」，實爲拘墟之見，蒼頡解詁，「壓，笮也」，即「厭」「壓」同訓之證。

奄，覆也。故從奄聲者亦有蘊藏之義：鞥，車具也。徐鍇曰，有所掩覆處也。案此字古籍多不用，而說文車具之訓又欠明白，疑即鞥之重文，蓋古者奄弇多通用。說文，鞥，轡鞥，从革，弇聲，讀若譍。一曰，龍頭繞者。王筠說文句讀「轡鞥者，謂轡上之鞥也。許時呼爲轡鞥，後人則不知所謂，故申說之：轡以撐銜，必有籠頭以繫屬其銜，而又申之以繞者，鞥之爲言罨也，罨以覆鳥，鞥以絡馬頭，其意相似，故又以聲解之，若曰，惟其爲繚繞者，故名之鞥也。弇，蓋也，亦未始不兼意也。」其說甚是。準之以右文之律，則「鞥」「鞥」之訓「龍頭繞者」，正是合義。腌，漬肉也。晻，不明也。案晻暗重文，故漢書多以晻爲暗。罨，罕也。徐鍇云，網從上掩之也。風土記，罨如罽而小斂口從水上掩而取之也。裺，褗謂之裺。褗福領也。徐鍇曰，謂衣領偃曲。玉篇，褗，隱被也。黤，青黑色也，蓋與黶同。淹，禮記儒行，淹之以樂好；注，謂浸漬之。按水浸曰淹，自是本義，說文淹水之訓，託名標識之語耳。閹，豎也。宮中奄昏閉門者。黃生字詁奄弇掩揜閹條云：「宮者謂之奄人，言其精气斂閉於內，故以奄爲名。鄭注周禮酒人注引月令其器閎以奄，得其旨矣。奄人之奄一作閹，以司闇故。」掩，斂也。小上曰掩。黃生字詁奄弇掩揜閹條云：「……按小上義當歸奄，器之小口大腹者其下寬展而上斂束，故曰奄，月令孟冬其器閎以奄是也。 周禮考工記鳧氏弇聲鬱，作弇，弇奄即一字。 虞書大禹謨奄有四海，此即賈誼所云囊括四海之意（并喻詞），孔傳同也，蔡傳盡也，皆以意爲說，義未盡也。………覆義當歸掩，从上覆之，从後取之，並曰掩。 本掩取禽獸之義，掩搶即一字。」 今以右文之觀點論之，黃說極精。 惟奄掩二字之訓似亦不必强分。

弇，蓋也。 段玉裁云，「此與奄覆也音義同。」 釋器，圜弇上謂之鼒。 周禮典同，弇聲鬱。 徐灝說文段注箋謂「弇蓋有深邃義，故凡口狹而中寬者謂之弇。」 故從弇聲者亦有蘊藏之義： 鞥，轡鞥。 一曰龍頭繞者。 按即鞥之重文（說見鞥下）。 黭，果實黭黯黑也。 按與黶黷殆同。 渰，雲雨皃。 毛詩大田，有渰淒淒，傳雲興皃。 呂氏春秋務本篇引作有晻淒淒，高誘注，晻，陰雲也。 揜，自關以東取曰揜。 一曰覆也。 媕，女有心媕媕也。 按謂密意深情，含而不露，故云有心。 朱駿聲云，眉語目成之意，失右文之恉矣。

咸，易，「山上有澤，咸，君子以虛受人。」 又昭公二十一年左傳，「鍾，小者不窕，大者不槬，窕則不咸，槬則不容。」 杜注，「窕，細不滿也。 槬，橫大不入也。 不咸，不充滿人心也。 不容，不堪容也。」 蓋咸之古訓有虛而能受之義，故其字從口。 爾雅說文均訓皆，殆其轉義耳。 以此從咸聲者亦有禁制蘊含之義。 鰔，魠也。 䁍，目陷也。 箴，綴衣箴。 鍼，所以縫也。 二字蓋重文。 椷，篋也。 緘，束篋也。 感，動人心也。 管子小稱，「匠人有以感斤欘」注，「謂深得其妙有應於心也。」 減，損也。 鹹，銜也。 王筠說文句讀「鹹味長，故銜而咀味之。」 歛，監持意，口閉也。 覃，長味也。 嘾，含深也。 瞫，深視也。 潭，廣雅釋水，「淵也。 自三仞以上二億三萬三千五百五十有九。」 楚辭抽思注，「潭，淵也，楚人名淵曰潭。」 文選謝祖德詩注，「楚人謂深水爲潭。」 案潭蓋爲楚地水深之通稱，武陵潭水最深，遂亦以之爲名。 說文但訓水名，蓋右文之指矣。 撢，探也。 醰，酒味長也。

马，嘾也，艸木之𠌶未發圅然，象形，讀若含。圅，舌也。象形，從马，马亦聲。俗作肣。故從「马」「圅」聲者亦有禁制蘊含之義：顄，頤也。釋名釋形體，「頤，……或曰頷，……或曰鼸車，鼸鼠之食積於頰，人食似之，故取名也。」涵，水澤多也。菡蕳，马之疊韵連語。犯，侵也。笵，法也。案法禁謂之笵，干陵違逆之，則謂之犯矣。

臽，小阱也。從人在臼上。按臼即象阱陷形，非杵臼字。故亦有禁持蘊藏之義：啗，食也，讀與含同。脂，食肉不厭也。窞，坎中小坎也。殆即臽之重文。欿，欲得也。惂，憂困也。淊淊，泥水淊淊也。閻，里中門也。陷，高下也；一曰，陊也。監，臨下也。從臥衉省聲。檻，櫳也；一曰圈。鹽，鹹也。擥，撮持也；即攬字。

合，合口也。合有閉義，故從合聲者亦有蘊藏之義：鞈，防汗也。鹽鐵論謂弇汗。蓋防馬汗汙，以鞈蔽之。翕，詩般允猶翕河傳，合也。易繫辭傳，其靜也翕；宋注，猶閉也。均與右文之恉合，較說文訓「起」爲長。袷，劒柙也。袷，士無市有袷。按市以蔽前，袷亦同物也。袷，曲禮，天子視不上于袷；玉藻，視帶以及袷；深衣，曲袷如矩以應方；注皆訓交領。玉藻，袷二寸；注，曲領也。邵瑛說文羣經正字云，「今經典多以袷爲交領曲領義，而衣無絮義作裌，禮記玉藻，帛爲褶，釋文，褶，裌也，是也。」案以右文之義推之，說文袷訓衣無絮，恐非本訓。而「袷」「袷」實爲一語之轉，故段玉裁云「禁制於領（袷，交領）與禁制前後之不相屬（袷，交衽）不妨同用一字（釋器用襟，毛詩用衿，皆訓交領，襟，衿均爲袷之別體）」。欱，歠也。東都賦「欱野歕山」，反對成文。頜，顄也（詳前頷字注中）。匌，帀也。按即合之別寫。閤，門旁戶也。後人多譌作閣，閣者所以止扉。故門旁戶字從「合」作，止扉字從「各」作，右文之恉，居然可識（說詳下「觡當訓角有枝」條）。龕，蜃屬。爾雅釋魚魁陸郭注云，「本草云，魁狀如海龕，圓而厚，外有理縱橫，即今之蚶也」。釋文云，「字書云，蚶，龕也。……」按從合從甘，聲義一也。歙，縮鼻也。

按上表爲複式音符分化之最繁雜者，共計音符十二。　其韵皆屬侵覃部收m之音，故有收斂之義。　其聲則⌊今⌉⌊甘⌉⌊兼⌉⌊甲⌉皆在見紐，⌊音⌉⌊猒⌉⌊奄⌉⌊弇⌉皆在影紐，⌊咸⌉⌊马⌉⌊臽⌉⌊合⌉皆在匣紐。　而今聲之⌊酓⌉於金切⌊畬⌉於琰切　甲聲之⌊閘⌉烏甲切　又在影紐。　今聲之⌊含⌉⌊黔⌉胡男切　兼聲之⌊鼸⌉胡添切　⌊嫌⌉戶兼切　甲聲之⌊匣⌉胡甲切又在匣紐。　咸聲之⌊緘⌉古咸切　⌊感⌉古禫切　⌊減⌉古斬切　臽聲之監古銜切合聲之⌊鞈⌉⌊鵒⌉⌊袷⌉古洽切⌊鴿⌉⌊閤⌉⌊龕⌉古沓切　又在見紐。然則見匣兩紐交流，見紐又入於影，聲轉之理，未始不可循其軌道以蹤跡之，雖至賾而不可亂也。

表七　相反義分化式

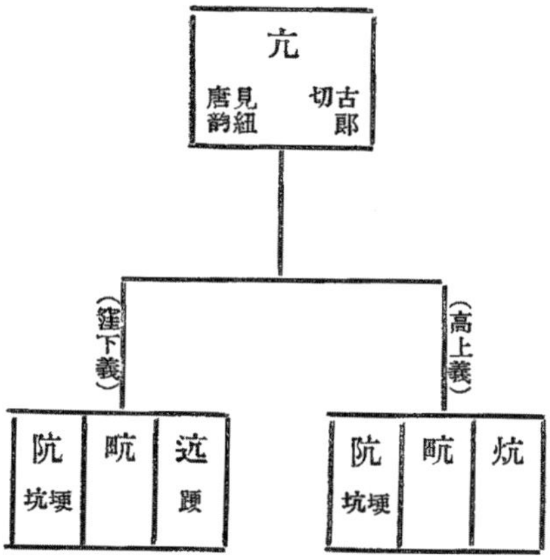

注：亢，人頸也。　從大，象頸脈形。　蓋象人胡脈高處，故亢有高義。　炕，乾也。　江沅曰，⌊北方晝坐，夜以火置下而寢，謂之炕。⌉　蓋古者席地，故設高亢之處以亢物，小戴記明堂位⌊崇坫康圭⌉，康即亢，今江南人尚謂庋閣物事爲亢，故爾雅訓康爲安也。　其後更高大之以寢處人，遂成今之炕矣。　吭，說文⌊竟也，一曰百也，趙魏謂百爲吭。⌉　阬，說文⌊閬也。⌉　詩曰⌊高門有伉⌉是也。　然亢聲字同時又有窪下義。　迒，獸迹也。　吭，廣雅，⌊池也。⌉　阬，爾雅⌊虛也，⌉蒼頡篇⌊壑也，⌉莊子天

運「在坑滿坑」是也。 蓋高起之與窪下，方向雖異，而其容積則一也。如中央下與中央高同得云宛， 阪與池同得云陂， 從襄聲字有退却與侵奪二義，皆是字義相反相成之理。 爾雅釋詁「徂在存也」條下郭注：「以徂為存，以亂為治，以曩為曏，以故為今，此皆詁訓義有反覆旁通，美惡不嫌同名。」王念孫廣雅疏證釋詁「鬱悠思也」下云：「凡一字兩訓而反覆旁通者，若亂之為治，故之為今，擾之為安，臭之為香，不可悉數。 爾雅云，鬱陶，繇，喜也；又云，繇，憂也；則繇字即有憂喜二義，鬱陶亦猶是也。」閻若璩尚書古文疏證，必欲解鬱陶為喜，因悉數諸書以鬱陶為憂思之誤，王氏於廣雅疏證詳駁之，是也。 王鳴盛蛾術篇三十三主申閻說，至謂摯虞思游賦「戚溽暑之陶鬱」及夏侯湛大暑賦「乃鬱陶以興熱」，為「喜近燠，憂近寒，亦洪範之理，」殊覺穿鑿可笑。 戴震亦不明乎此，故致疑於爾雅豫射不應同訓為厭（見荅江慎修先生論小學書）。 又如段玉裁說文注之謂「歎近於喜，嘆近於哀，」馬瑞辰毛詩傳箋通釋之謂「嘯為悲聲，歗為樂聲，」皆是執著偏旁，妄生區別，有昧於心理循環，語義周流之消息，此殆亦乾嘉時代之小學異乎現代語言文字學之一端歟？ 章先生轉注假借說論相反為義，謂「特之訓匹，讀為等，介之為單數，讀為子。」竊以為相反為義者，正不必悉制殊文，或旁求通借，蓋言語之體勢為流動的，多面的，一語得含有反正兩義，自是言語之天然作用。 儻執著固定之字形與夫片面之字義刻舟膠柱以求之，則語言文字之道褻矣。

據右方各表知右文有由本義分化及由借音分化兩派。 前者，其義有本義與引申義之別；後者，其本字有可知及不可知之分，此就單音符而言也。 若夫複式音符，則排比歸納，更為繁雜。 且右文之字，非作于一時一人之手，應具有縱橫兩面之演化，故既須明了古音，而又不可過拘。 經之以訓詁，緯之以聲音，古音之轉變或可轉因右文之軌跡而益明其線索也。 竊謂研究右文，不宜僅限於說文，當依上文所說取說文玉篇廣韵*諸字，統以聲系，又考諸舊書雅記今俗方言，準右文之原則，排比時代，分別義類。 本此材料，（一）可以分訓詁之系統，（二）可以察古音之變遷，（三）可以窮語根之起源，（四）可以溯語詞之分化，蓋一舉而四用備焉。 茲再將

*廣韵已由輔仁大學研究院編輯室編纂就緒。

利用右文以考訂古訓探求語根之說分敍於後。

七　應用右文以比較字義

上文所引黃承吉論右文之功用有云：「凡所遇古文注釋訓詁之字，………於誤解之義，亦即可燭見而無所遁。　更不至見先儒訓釋異同，輒貿貿然是非莫辨，以至兩存其說而無所宰制。」　於此可見右文法之應用，裨益於校勘古書審定字義者匪尟。惟黃氏徒騰理論，未舉例證，慮不足以徵信。　茲特發數事以實之：

（1）說文，「眽，目財視也。」　財當作衺。

說文目部，「眽，目財視也」。　段注，「財當依廣韵作邪，邪當作衺。　此與辰部覛音義皆同。　財視非其訓也。　辰者，水之衺流別也。」

又糸部「緥，散絲也。」　段注：「水之衺流別曰辰，別水曰派，血理之分曰衇，散絲曰緥。」

桂馥說文義證：「釋詁，覛，相也。　郭注，覛謂相視也。　馥疑財爲相之誤。」　兼士按桂說不及段說得以聲爲義之理。

（2）說文，「侊，小皃」。　小當作大。

說文人部，「侊，小皃」。　段玉裁注：小當作大，字之誤也。　凡光聲之字多訓大，無訓小者。………越語「句踐曰，諺有之曰，觥飯不及壺飧。」　韋云，「觥，大也。」　……韓詩云，「觥，廓也。」　許所據國語作侊，侊與觥音義同。　廣韵十一唐曰「侊，盛皃，」用韋注。十二庚曰，「侊，小皃，」用說文，蓋說文之譌久矣。

（3）月令，「乘軫路」，軫不必改作袗。

臧庸拜經堂集與段若膺明府書：月令孟冬「乘玄路，」注，「今月令曰乘軫路，似當爲袗字之誤也。」　疏云，「軫是車之後材，路皆有軫，此字當衣旁著㐱。　袗是玄色，以此經云乘玄路，玄軫義同。」　鏞堂按毛詩「鬒髮如雲，」　說文㐱部引作「㐱髮如雲。」　又著鬒字，云「或從髟眞聲。」　是㐱鬒一字。　毛詩謂鬒爲黑髮，則㐱之本義爲黑。

故㐱從衣爲黑衣，㐱從車爲玄路，今月令軫字非誤，不當以車後木爲嫌。袗非其義矣。聞尊說以說文訓㐱爲稠髮而非黑義，此據說文以駁手詩也。鏞堂以毛許之說本通，且必相兼而義始備。蓋髮之黑者必稠，且因稠而益形其黑。故鬒之本字從㐱而許以爲稠。昭二十八年左傳曰，「昔有仍氏生女黰黑，」黰既與黑連文，故毛以爲黑。杜預云，「美髮爲鬒。」春秋疏引賈逵同。詩疏及釋文引服虔云，「髮美爲鬒。」是髮以稠密爲美，其稠密而美者色必黑，左傳毛傳及賈許服杜之義無不同也。

（４）說文，「岵，山有草木也。屺，山無草木也。」有無字當互換。

段玉裁說文注岵字下曰：有當作無，釋山曰，「多草木岵，無草木峐，」釋名曰，「山有草木曰岵；岵，怙也，人所怙取以爲事用也。山無草木曰屺；屺，圯也，無所求生也。」許書同爾雅釋名。吳都賦，「岡岵童，」用字亦宗爾雅。而手詩魏風傳曰，「山無草木曰岵，山有草木曰屺，」與爾雅互異。竊謂毛詩所據爲長，岵之言瓠落也，屺之言荄滋也。………許宗毛者也，疑「有」「無」字本同毛，後人易之。

臧庸拜經日記「岵兮屺兮」條下曰：釋文陟岵「此傳及解屺與爾雅不同。王肅依爾雅」。正義曰，「傳言無草木曰岵，下云有草木曰屺，與爾雅正反，當是傳寫誤也。定本亦然。」爾雅釋山「多草木岵，無草木屺」（兼士按藝文類聚七引爾雅「多草木曰屺，無草木曰岵」）注，「皆見詩。」釋文「峐，三蒼字林聲類並云猶屺字。」說文「岵，山有草木也；屺，山無草木也。」庸按此當從手傳，爾雅誤也。屺峐不同，是今古文之異。爾雅傳於漢世，爲今文之學，與手詩古文不同。蓋韓魯之經必有作「陟彼峐兮」者，故注云「皆見詩。」三蒼聲類並有峐字，知漢魏以來相傳舊本如是，與屺字聲亦相近。………說文「亥，荄也。」有草木爲峐，義取諸此。（兼士按從亥聲者如「荄」「咳」「骸」「核」「晐」「侅」「頦」「駭」「垓」「陔」諸字，皆有荄滋生長之義。）金壇段若膺云，「岵之言瓠落也，屺之言荄滋也，」得之。 ………戴東原毛鄭詩考正取釋名之說，而疑詩傳轉寫互譌。

秉士按釋名以「怙」「圯」釋「岵」「屺」，雖亦取於同聲母字，然尚有三事當注意者：（一）以二同音符字互訓，固勝於濫用雙聲疊韵之汎音訓，然單文比附，尚難證明其必然。 不如用右文之法，類聚若干同音符字，以觀察其意義離合遠近之爲得。 如從古聲者有枯槁苦窳沽薄諸義，此阮元所說，徵之於「苦」「故」「殆」「枯」「固」「痞」「罟」「沽」「鹽」「姑」「辜」「酤」諸字義之見於說文及其他經傳者，大氐皆然，此固較勝於但舉怙恃以爲說者。 （二）我國文字類皆單音，故同音之字，義容有異，而同音符字，有兼含義者，有僅取聲者；其含義字所含之義，又復多涂，未可以其同一音符，輒意必其定爲一義。 （三）「同音之字非止一二，取義于彼見形於此者，往往而有。」 故己聲字，容受諸亥。 固未可强執偏旁，望形爲論也。 上述三事，爲講聲訓者所須知。 益以其他證據，庶幾守經達權，而免「拘」「妄」之譏矣。 戴震王引之之宗釋名，鈕樹玉徐承慶之駁段注，要亦未注意及此耳。

（5）爾雅「榮桐木」之桐讀爲童。

陶璩六九齋饌述稿卷下：說文「榮，桐木也；桐，榮木也。」 此轉注字，許直以榮爲梧桐矣。 爾雅，「榮，桐木」，與說文同。 而上下文灌木，叢木，瘣木，遒木，棧木，干木一例皆泛言木之形狀，非實指一木。 案桐木之桐，與童通，童木，小木也。 淮南兵略訓曰「夫以巨斧擊桐薪」，巨斧，斧之大者，桐薪，薪之小者，此桐木義當爲小木之明證也。 又以說文證說文，「滎，絕小水也；謍，小聲也；𤬪，小瓜也。」 諸字皆從熒省聲，榮亦從熒省聲，榮爲桐木，即榮爲小木矣，以知桐木之當爲童木而非梧桐也。 郭璞爾雅注云「即梧桐，」此郭璞承許君之誤也。

（6）「美目盼兮」之盼當訓白黑分。

馬瑞辰毛詩傳箋通釋六：「美目盼兮」傳，「白黑分」。瑞辰按說文，「盼，白黑分也」（兼士按二徐本作詩曰美目盼兮，玄應引作白黑分也。）盼從分聲，兼從分會意。白黑分謂之盼，猶文質備謂之份也。說文，「䰉，須髮半白也」，字借作頒。又「辬，駁文也」。皆與盼爲白黑分者取義正同。韓詩云，「黑色」，馬融云「動目皃」，（論語注）並非。

（7）「宛丘」之宛當訓爲四方高中央下。

馬瑞辰毛詩傳箋通釋十三：宛丘之上兮傳，「四方高中央下曰宛丘」。釋丘云「宛中宛丘」，言其中央宛宛然，是爲四方高中央下也。郭璞曰，「宛丘謂中央隆峻狀如一丘矣。」爲丘之宛中，中央高峻，與此傳正反。案爾雅上文備說丘形，有左高右高前高後高。若此宛丘中央隆峻，言中央高矣，何以變言宛中，明毛傳是也。故李巡孫炎皆云中央下，取此傳爲說。………釋名「中央下曰宛丘，有丘宛宛如偃器也。」案宛宛言椀，其形如仰盂然，故釋名謂如偃器。偃即仰也。旣如仰器，則其形爲四方高中央下矣。又說文「宛，屈草自覆也，」屈曲義近。焦循曰，「凡從宛之字皆有曲義：馬屈足曰踠，貌委曲爲婉，睕爲深目，謂目上下高中深，正與宛丘同」。今按說文曲篆作⊌，象器曲受物之形，爲外高而中下。………郭璞謂宛丘「中央高」，又以爾雅「丘背有丘爲負丘」即宛丘，俱誤。

兼士按爾雅釋山「宛中隆」，及釋丘「丘上有丘爲宛丘」，自與琬圭其首圜剡同義。段玉裁於琬下注云「二義相反，俱得云宛，爾雅兼采異說，」最爲得之。亦猶亢聲之阬，爾雅訓虛，說文訓閬；䀘，說文訓境訓陌，廣雅訓池；馬氏昧於訓詁相反相成之理，一切以中央下釋宛，殆亦未合。

上來所舉爲古人成說。茲再就管見所及，補充數例：

（1）蓺當訓艸木不生。

說文「蓺，艸木不生也，從艸執聲。」段注「蓺之言蟄也，與蕁反對成文。玉篇云艸木生皃，未知孰是。」按從執聲者，如蟄，蟄足也；𥨣，屋傾下也；褺，重衣也；䨏，寒也；𧹞，臧也；墊，下也；縶，絆馬足也；皆有攝臧之意，似說文艸木不生之義爲長。

（２）釆，古文辨字。

說文「釆，辨別也，象獸指爪分別也，讀若辨」。「𢍏，摶飯也，從廾，釆聲，釆，古文辨字，讀若書卷。」朱駿聲說文通訓定聲曰「按釆非古文辨字，是古文番字，古多借釆爲辨耳。」

兼士按說文讀若，多兼明古今字。張行孚說文發疑嘗詳舉例證。所謂古今字者，大氐爲意符字與音符字之別。今釆下云「讀若辨」，𢍏下云「釆古文辨字」，正可互證。又釆之與番，實爲異文，從番聲字有訓白色者，如皤，老人白。䗷，䗷鼠。即廣雅釋獸白䗷。蟠，鼠婦也。詩陸疏，伊威一名鼠婦，在壁根下甕底土中生似白魚者。其它璠爲寶玉，幡爲拭觚布，潘爲淅米汁，蓋均以白色得名。白之與辨，義相因依，亦其證也。

（３）獿當訓犬多毛。

說文，「獿，犬惡毛也，從犬農聲。」徐鍇曰，「濃而亂也。」江沅說文音均表云，「言其狀可惡也。」然爾雅釋文引字林云，「多毛犬也」。玉篇亦云「多毛犬。」廣韻三收此字，二冬，獿，「多毛犬也」。五肴，獿，「犬多毛」。六豪，獿，「長毛犬。」張參五經文字犬部獿，「犬多毛」。今以從農聲者多訓濃厚之義律之，則「惡毛」雖亦可通，究不若「多毛」之義爲長也。

（４）觡當訓角有枝。

說文，觡，「骨角之名也，從角，各聲。」玉篇，「麋角有枝曰觡，無枝曰角。」樂記「角觡生，」鄭注，「無䚡曰觡。」司馬相如封禪文，「犧雙觡共柢之獸。」服虔曰，「觡，角也。」淮南主術訓，「桀之力制觡伸鉤。」又原道訓高注，「觡，麋角也。」方言五，「鉤宋楚陳魏之間謂之鹿觡，或謂之鉤格。」錢繹箋疏云：「說文，輅，格也，玉篇，輅，枝柯也，義與觡通；亦取枝格之意也。」

郭璞山海經東山經注，「麋鹿屬角爲觡」。

段注說文觡字下云：骨角，角之如骨者，猶言玉石也。………無䚡者，其中無肉，其外無理，郭氏山海傳云「麋鹿角曰觡」是也。 牛羊角有肉有理。 玉篇云，「無枝曰角，有枝曰觡」，此取枝格之意，惟麋鹿角有枝，則其說非異也。

徐灝說文段注箋曰：相如云「雙觡共柢」，蓋謂角有岐。 故郭璞曰「麋鹿角曰觡」，玉篇云「有枝曰觡」是也。 樂記「角觡生」，正謂角生岐枝。 若鄭說「無䚡曰觡」，則謂角中無胞骨者耳，何以云「角觡生」乎？ 許云「骨角之名」，疑有誤字。

兼士按說文「各」訓「異詞」，故從各聲字得有岐別之義〔𠙵據卜辭金文雖爲來格字之初文，其字象足(ᗅ)出於屨(ㅂ或作凵)之形，與出字象足(ᗄ)納於屨（凵或作ㅂ）之形（吳大澂說）正相反。 蓋古者席地而處，故入必脫屨，出必著屨，曲禮所謂戶外有二屨是也。 ㅂ非口舌字，猶「履」「般」之從舟而非舟車字。 雖然，「各」之音素，含有岐別之義，則亦爲事實，固不必拘拘於爲本字或借字也。〕 如「路」因岐出而得名。 〔釋名釋道，「路，露也，人所踐蹈而露見也。」 未爲得之。〕論訟紛紜謂之「詻」；「𩊚」，生革可以爲縷束也；「輅」，枝輅也；「笿，」桮笿也，與𩊚同意，「絡」亦如之。 由此推之，「骼」說文訓爲「禽獸之骨」，不如月令孟春「掩骼薶胔」，鄭玄云「骨枯曰骼，」蔡邕云「露骨曰骼，」呂覽孟春紀「揜骼霾髊，」高誘注「白骨曰骼，」諸說爲長。 蓋骨無肉而露於外，則見其肢體槎枒，異於有肉者。 骼本無肉，故淮南時則訓高注云「骼骨有肉」也。 骼之從各，殆與脈之從𠂢同意。 又「輅」，說文云「枝輅也。」 段注『「枝輅者，遮禦之意。 玉篇曰「輅，枝柯也。」 釋名「戟，格也，旁有枝格也。」 庾信賦「草樹溷淆，枝格相交。」 格行而輅廢矣。』 余謂段意以爲說文「格」訓「木長皃」，「輅」乃枝格本字。 若以右文之說衡之，從各聲字，因岐別義得枝格義，形旁之爲「木」爲「丰」，祇是重文，初非二字。許君「木長」之訓，已是相皮。段氏本字之分，尤爲添足。非惟「格」「輅」，即「閣」亦然：嚴元照爾雅匡名卷五，釋宮，「所以止扉謂之閎。釋文云，閎音宏，本亦作閣。郭注本無此字。案說文門部閣，所以止扉者，從門，各聲。正用此訓。當定作閣。廣雅釋詁閣訓爲止，止扉之物，名之曰閣，蓋取閣止之義也。郭本誤閎，故其注引左傳高其閈閎。不知閈閎皆謂門也，故可云高，止扉之物，何高之有。」案「閣」亦因從各聲而得止義。然則觡字之義，本諸樂記封禪之文，徵以郭璞野王之訓，復參證於右文，許愼鄭玄諸說之誤可知矣。（吳䕫雲經說亦謂「諸家皆不能證明觡從各之義」。）

（5）鈐當訓車轄。

鈐之古訓有二說：

急就篇，鈐鑽鉤銍斧鑿鉏。顏注，鈐鑽，大犁之鐵。

說文，鈐，鏞，大犂也。一曰，類枏，從金，今聲。

廣雅釋器，鈴鏞謂之鑡。

此以鈐鏞爲大犂之名。鈐同鈴。鑽同鏞。鉵同鑡，說文，鉵，梠屬也。

急就篇，鐧釭鍵鍇（依宋太宗御書本）冶錮鐈。

方言九，輨，軑，鍊鏞也。關之東西曰輨，南楚曰軑，趙魏之間曰鍊鏞。

衆經音義卷一引方言，輨，軑，鍊鏞也。關之東西曰輨，亦曰轄。

又卷七引方言，輨亦轄也；轄，軸頭鐵也；鍇，鍵也。

廣雅釋器，鍊鏞，欽，輨也。

玉篇，鈐，耕類也。車轄也。鏞，犂鍇也。

此以鈐鏞爲車轄之名。鍵，鍊，蓋皆爲鈐之後起借字（鈐m，鍵，鍊n），實皆爲一語。單言之爲鈐，爲鍵，爲輨（錧），爲轄，絫言之爲鍊鏥耳。

今試以右文之定律判斷二說之短長：案「今」古音收m，與「禁」同音，故從今聲之字多取義於禁制，如㹯，牛舌病也；含，嗛也；吟，呻也；貪，慾物也；衾，大被；欲，含笑；䶄，鼠屬，以頰裹藏食；念，常思也；侌，雲覆日也；紟，衣系也；禽，鳥獸之總名，明爲人所禽制也（白虎通）；金，從土，左右注，象金在土中形；肣，函之重文；……

…等字皆然。又案說文，「鍵，鉉也，一曰車轄也。」「舝，車軸耑鍵也」（舝與轄同字）。 釋名釋車，「轄，害也，車之禁害也。」 顏注急就篇，「轄，豎貫軸所制轂之鐵也。」 故漢陳遵取客車轄投井中，令不得去。 準是，則鈐當以車轄爲其固有之訓釋，鈐鏥殆爲大犂之託名標識字耳。 玉篇特兩存之。 說文既以鈐爲鈐鏥本字，於是不得不以車轄之訓系之於鍵，因之而致此二誤：（一）鈐字以今聲表現之意義爲之埋沒；（二）以鈐之本義歸之於後起之鍵字。 由是知許書說解，容有違古者，世之沾沾株守說文謂是惟一之本字本訓者，其亦可以已乎。

（6）醰當訓長味。

醰，說文繫傳，「甜長味也。」 玉篇，「酒味不長也。」 廣韻二十二覃，醰，「徒含切，長味，又徒紺切。」 四十八感，醰，「長味，」五十三勘，醰，「酒味不長。」 （按王仁昫切韵卌九覃徒含切下有醰字，注「長味，又徒紺反，亦譚字。」 鈕氏樹玉當日未見王韵，故說文校錄云廣韵有譚無醰。） 段玉裁鈕樹玉諸家均以爲應作「酒味長」，今以右文之說衡之，覃訓長味，嘾訓含深，瞫訓深視，潭訓淵（廣雅），撢訓探。 是從覃聲字應訓深長，不當訓不長明矣。

（7）甇謂之甀。

馮桂芬說文解字韻譜補正序：『「甀，罌謂之甀，」方言作「甇謂之甀，」譜正作「甇」，是作「甇」是也。』 徐灝說文段注箋：「按甂云大口而卑，是卑謂其體扁，而甇爲長頸瓶則非其類。 罌甇同聲相混，當從許說罌謂之甀爲是。」　按說文，甇，備火長頸瓶也；罌，缶也。　今試以右文說斷之：罌從賏聲。賏，頸飾也；纓，頸瘤也；是從賏聲字得與頸有關。　至於熒聲字含有小義，陳氏瑑已言之矣。　又考方言五「甇，陳魏宋楚之間曰甂，或曰𤭛，」又「甇謂之甀，」案𤭛，甂，即侏儒，與卑同義，而卑與小義亦相通。　是罌應訓長頸瓶，甇應與甀同器，說文互誤，方言爲長矣。

（８）權輿應有句曲之義。

王國維爾雅草木蟲魚鳥獸釋例，「雅俗古今之名凡同類之異名與異類之同名往往於其音義相關」條中云：

權黃華草　權黃英木

其萌虇蕍草　蠸輿父守瓜蟲　權輿始也釋詁　案權及權輿皆黃色之意。　黃華，黃英，雅有明文。　蟲之蠸輿父，注以爲瓜中黃甲小蟲，是凡色黃者謂之權，長言之則爲權輿矣。　余疑權即䊵之初字，說文，䊵，黃黑色也，廣雅，䊵，黃也。　今驗草木之萌芽無不黃黑者，故蒹葭之萌謂之虇蕍。　引申之則爲凡草木之始，逸周書文酌解一幹勝權輿，大戴禮記誥志篇百草權輿是也。　又引申爲凡物之始，詩秦風，不承權輿，逸周書日月解，日月權輿是也。

始之義行而黃之義廢矣。

秉士案爾雅釋詁之權輿即釋草之虇蕍，郭璞不知，故誤以「其萌虇」爲句，「蕍」屬下讀。　逸周書孔晁注「言有權無不輿」亦析權輿爲二。陸佃爾雅新義謂「權，衡之始，輿，車之始，」孫星衍駁之。　王念孫亦謂權輿即虇蕍，草木之始萌也。　王國維更以其音義通之於「黃華」「黃英」及守瓜之蟲，誠足當阮元所云治爾雅須以音義貫串證發之說矣。雖然，猶有賸義，未盡發也。　請試論之：按之爾雅說文，權輿（虇蕍）即萌（蕚）。　禮記月令「孟春之月………其神句芒，」崔靈恩三禮義宗「木正曰句芒者，物始生皆句曲而芒角，」　又月令「季春之月，………句者畢出，萌者盡達，」注「句，曲生者；芒而直，曰萌。」　又樂記「草木茂，區萌達。」 莊子天道篇「萌區有狀。」 是「句芒」「句萌」「區萌」「萌區」異字同語，析言則「句」(區)者曲，「芒」(萌)者直，通言則自曲而直統謂之「句芒」（區萌），或單言「萌」（蘡）。 「區萌」既即「權輿，」故「權輿」亦可云「蘬蘛」；吳都賦「異荂蘬蘛，」劉逵注「敷蘛，華開貌，」李善注謂「蘬蘛」與「敷蕍」同。 又玉篇廣韵皆云「蘬蕍，花皃。」 按「蘬」「蘬」即「區」之別寫；「蘛」「蕍」爲「輿」「蕍」之異文；「華開貌」者，自马苞漸次舒伸之謂。 準此，「權輿」亦自有曲義。 楊雄羽獵賦「萬物權輿於內」，謂踡曲於內也，證以說文「乚」（乙）字「屯」（屯）字之形義，自得其解。 郭璞注雅云「今江東呼蘆筍爲虇，然則萑葦之類其初生者皆名虇，」蓋蘆葦之萌，其初茁卷然層層包裹，故得是名，朱駿聲所謂「始生屈曲抽引屯然難出之意」是也。 再進而以右文證之：說文「趯，行趯趢也，一曰行曲脊皃。」 玄應音義二十三「踡踠」云「踡，說文作趯。」 彏，弓曲也。 爾雅其萌虇，釋文「本或作彏非。」 按或本作「彏」猶得「句萌」之意，陸氏不知而以爲非也。 其音義蓋通於從「𢍏」聲諸字：說文「𢍏，摶飯也，讀若書卷。」「齤，曲齒，讀若權。」「觠，曲角也。」「韏，革中辨（王念孫謂當作辟）謂之韏。」「桊，牛鼻環也。」「卷，厀曲也。」「拳，手也，」申爲手，卷爲拳。 竊以爲「權」之音素含有多角之意義：句曲，一也；始，二也；黃色，三也。 昔人祇知其一，王氏國維乃得其二，至於「權」即「句萌」之義，諸家皆不得其解，王氏輒以黃爲本義，黸爲本字說之，可謂未達一間也。

綜觀前例，知用此法可以（一）訂正古書之違誤，（二）判斷異訓之得失，(三)發見許書說解非盡爲語言本來之意義。 三者於訓詁學之貢獻極大。 而以第三點爲最有價值，賴此以知訓詁之蕃衍，雖至賾而不可亂，所謂「超以象外，得其環中」者也。 蓋欲求文字之孳乳，必先探語言之分化，若徒執著形體，斷不能得語言多面變動之勢也。

八　應用右文以探尋語根

語言必有根。　語根者，最初表示概念之音，爲語言形式之基礎。　換言之，語根係構成語詞之要素，語詞係由語根漸次分化而成者，此一般言語之現象也。　然言語學家恆謂中國語爲單綴語——語根語，不能於語詞中剖出構成之要素（語根），不能見由語根所引出之語詞。　換言之，即凡語詞皆爲語根，無形式變化之附添語，故有語根語之目。　其實世人以中國語之語根與語詞外表似無區別，遂謂其尙留滯於最初狀態而未分化者，固由比較而知其然，但亦不免有皮相之弊。　蓋中國語言分化之現象，具有其特異之點，未可遽以恆律繩之也。　然則果如何以研究之乎？　歷代字書有可藉以參考者乎？　請試論之：

歷代字書中，史篇三蒼，書闕有間，姑不論矣。　爾雅廣雅之屬，亦止隨文釋義，使人知其然而不能知其所以然之故。　外此以象形，指事，會意，形聲爲本，而說明意符與音符文字發生之狀態者，則有許愼說文。　以轉注，假借爲本，而說明通語與方言聲音之轉變者，則有楊雄方言。　以其事物之性質或作用解釋其得名表稱之所由來者，則有劉熙釋名。　之三書者，雖皆可利用之以研究語根，然其材料均有缺點。　先言說文：淸代說文之學大昌，而戴震段玉裁之倡明本義，尤爲其中重要學說之一。　戴說見于東原集論韵書中字義答秦蕙田，與王鳳喈書論尙書「光」字，答江愼修論小學三篇文中。　段說則散見於其說文解字注中，馬壽齡說文段注撰要列爲九類之一。　大氐謂說文所釋字義，皆爲其字之最初本訓，爾雅方言，則爲其後起轉注假借之義。　其說頗爲一般學者所宗尙。　今按其說，似是而實不然。　譬如說文解「大」字曰：

天大地大人亦大，象人形。

孫星衍釋人因之有「人謂之大」之語。　其後孫馮翼釋人注，葉德輝釋人疏證均仍其說。　其實古者並無以大稱人之證，故羅振玉面城精舍文稿釋人證誤駁之曰：

言凡大，在上者莫如天，在下者莫如地，在天地之間者莫如人。　天地無可象，故以人爲大之象。　其義則不訓人。

其理至通。　又如陳澧東塾讀書記駁邢昺疏爾雅「初」字云：

近人之說，多與邢氏同，以說文爲本義，爾雅爲引申義，其實不盡然也。　造「初」字者，無形可畫，無聲可諧，故從衣從刀會意耳（說文初訓裁衣之始）。準此知許書說解，祇是據形立義，假定古人造此字時所以取象之由耳。　若云說文之訓釋，即語言之本根，言語之初，含義本當如是，則差以毫釐，繆以千里矣。　楊雄方言之異於說文者，不以文字爲對象，而以言語爲對象。　其卷一釋古今語曰：

初別國不相往來之言也，今或同，而舊書雅記故俗語不失其方，而後人不知，故爲之作釋也。

其書之組織在以「通語」證明「轉語」。　雖其說明語言變衍之現象，較爾雅爲具體，然其材料，似亦甚淩亂。如卷一第一條：

黨，曉，哲，知也。………

亦祇以通語「知」疏證方言「黨」「曉」「哲」三語而已。　若用研究語根之眼光觀之，「黨」「哲」「知」三語，古爲雙聲，殆同一語根。　「知」「哲」轉注字，「黨」假借字。　近世音又變而造「懂」，亦成轉注字矣。　「曉」則別出一源矣。至於劉熙釋名之批評，即上文所云：

任取一字之音，傅會說明一音近字之義，則事有出於偶合，而理難期於必然。

由是知吾儕如欲探求中國之語根，不得不別尋一途逕。　其途逕爲何？　余謂即「右文」是也。

近世學者推尋中國文字之原，約得三說：一於說文中取若干獨體之文，定爲初文，由是孳乳而成諸合體字，此章氏文始之說也。　一於古文字中（包含卜辭金文）分析若干簡單之形，如●一｜×………等體，紬繹其各個體所表示之意象，而含有此等象形體之字，其義往往相近，是此等象形體即可目之爲原始文字，余曩曾主張此說（說見北京大學月刊第一卷第二號文字學之革新研究），近魏建功君更有進一步之研究。　一即余近所主張之「文字畫」。　然三者所論皆是字原而非語根。　且前二說近於演繹法，其弊易流於傅會。　余以爲審形以考誼，似不若右文就各形聲字之義歸納之以推測古代之字形（表）與語義（裏）爲較合理，此余所以推闡右文之故也。

或謂右文所據之對象，多爲晚周以來之字，奚足以語古？余以爲形聲字固爲後起之音符字，然研尋古代語言之源流反較前期之意符字爲重要，蓋意符字爲記載事蹟之文字畫之變形，直接固無與於語言也（余擬別作「從說文本字本義說到文字與語言的分野」一文闡明此旨），若以圖式表之，當如下：

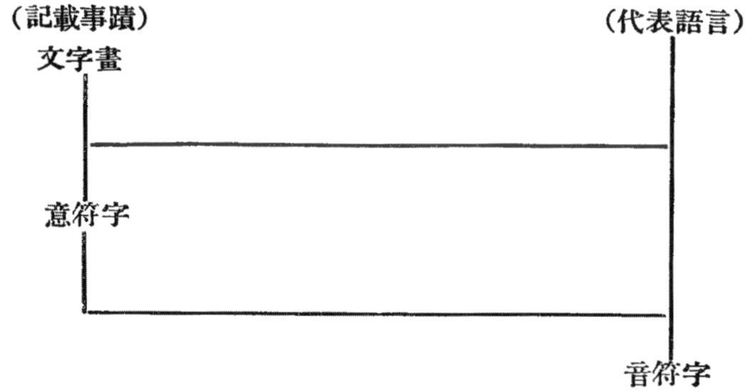

且形聲字之聲母，泰半借意符之象形指事字爲之，即欲研究意符字，則綜合各形聲字之音義，以探溯其聲母之所表象，不猶愈於但取獨體文或剖析象形體而假定其孳乳字之爲自然有系統乎？ 且右文所表示之古義，本非如清代古音學家據詩三百篇韵脚研究所得之結果，輒目之爲三代古音盡在於是者然。 雖然，欲憑古文字以考古語言，則捨形聲字外，實無從窺察古代文字語言形音義三者一貫之跡。 故右文之推闡，至少足以爲研究周代以來語言源流變衍之一種有效方法，此固爲吾人所不能漫加否認者也。 茲將鄙見分敍於次：

（１）中國文字雖已由意符變爲音符，然所謂音符者，別無拼音字母，祇以固有之意符字借來比擬聲音，音托于是，義亦寄於是。 故求中國之語根，不能不在此等音符中求之。

（２）中國語語根之形式，旣如上所說，則其語詞分化，自亦有其特別之方法，於音方面：或仍爲單音綴，而有雙聲疊韵之轉變；或加爲複音綴，非附加語詞，即增一語尾。 於形方面：或加一區別語詞意義之偏旁（即形旁），或連書二字爲一語辭。 其類別約可分爲四：

A.語根之外增加形旁而音不變者，如于與竽，非與扉之類是也。

B.語根之外增加形旁而音由雙聲疊韵轉迻者，如禺與偶，林與禁之類是也。

C.由一語根分化他義而以另一雙聲或疊韵之字表之者，如「天」「頂」「題」

是也。

D.由單音語根變爲複音語詞者，如天變爲天然，支變爲支離之類是也。

（3）語根之分化語詞，與本義之與引申義不同。 後者以形不變爲原則（包括「四聲別義」法在內），前者則以形變爲原則。

（4）語根之分化語詞，與轉注字不同。 後者因音變而後變其形，義固相同也。 前者則以意義之轉變爲前提。

（5）語根之分化語詞，雖與形聲有關，而不能謂即是一事。 形聲爲演繹的，而推尋語根爲歸納的。 此外：

A.音符不盡皆爲語根，即主諧字不皆爲語根，被諧字不皆爲語詞。

B.同一主諧之音符，有在此形聲字爲語根而在彼形聲字非語根者。

C.本音符非語根，別有一與此音符同音之字爲此語詞之語根者。

D.同一語根，有時用多數音符表之者。

E.語根之與語詞，有不取音符與形聲字之關係，而別以一音近字爲之者。

以上所標諸例，大氐參考前節右文各表，即可瞭然，不煩辭費矣。

上來兩節，一以示右文說在訓詁學上之應用，一以發右文說與言語學之關係，而爲中國訓詁學闢一革新研究之途徑焉。

九　附　錄

魏建功先生來書

兼師函丈：

承示尊著，繹誦至再。 矩矱既度，周行可遵。 發讀開宗，若有深感。 敢陳一得，皆素聞之緒餘，伏乞誨正！

按古文字自鐘鼎甲骨繼出，六書條例已有不足用，「右文」之名於舊形聲例中似更爲狹隘。 推右文之說，其眞價又應一貫形音義三者而言。 文字未有之先，音聲已含其義。 方有文字之初，形體實兼表其義。 既有文字之後，則形或兼音義，或不兼音義，或兼音而不兼義，或兼義而不兼音。 其兼義而不兼音，或即本初有文字之舊，相沿而下者。 其並兼音義，或更承未有文字之先之舊，相沿而下者。 如是以論語根，其字或晚出，音乃承遡；而音不存初見，字反爲初文者，自必不少。 於是欲論音義，必先就形聲字中求形義形音二者，以觀其先後演變孳乳，則聲訓之例似有助於音義，而無與於形義形音。 葢聲訓之起，去形義之初已遠，時代生活思想不能無影響，而形音之閒又不能無變遷。 此劉成國書所以可備考漢代音，而不能據爲探語根之典要也。 嘗見古文字中从「×」之形，往往有「交」「隔」「軝」「穿」「空」「疏」「厚」「滿」諸誼，而與諸誼相關之聲類屬舊喉牙音，展轉變化亦不出與喉牙可以相通者也。 如「癸」「五」「刈」「爻」，隔抵誼多；「囟」「匈」「果」「甲」，空滿誼多；「叕」「疐」「楙」「网」交織穿疏之誼多；「㲄」「盥」「戎」「爾」，細膩叢厚之誼多；賦形相通，往往諧音亦得相轉，其軌跡大抵不出生列音軌「同位異勢」「異位同勢」兩軌，東原轉語「同位」「位同」之說是也。 先生所舉「璽」字，從爾聲，字形從叕，所从義爲穿空廔麗，而得通於交㮰滯厚。 其音之轉，猶「㲄」之於「讓」「孃」，「囟」之於「𡿺」「䶑」，「爻」之於「學」（日本音之ガク）「覺」，「䵬」之於「戎」，「疐」之於「雅」，皆所謂「鼻通相轉」。 然則經緯形音，訓義綺錯，其有不可偏倚者尙矣。 故生嘗以爲形聲字之沿流，當假設其初爲純聲符性質之同音叚借；繼則加形以爲別，乃可謂之形符諧聲；右文說之所賅，二者具備。 而六書條例所指形聲，大牛爲半音符諧聲，其音符不必兼義，多後起變化之音；所謂「音不存初見，字反爲初文」者，此之類也。 注形作用之諧聲，聲義相兼；「字或晚出，音乃承遡」，此之謂也。

且，古語連綿之詞，聲首聲隨複合之跡於焉可尋，而蕩析離居，泯爲單字；例如先生所舉公式表例二之（２）宛之有「宛轉」，三皮之有「旋靡」，四之（２）庚之有「㡍宦」，（３）吾之有「鱸鰦」，許叔重說解雖多存舊，而字从形體，亦皆分割，若此之類，有關審音；論其單字，固在右文，顧名考實，尙須申論。 葢「右文」之說，與謂字學，寧稱語學。 國內言語學至不發達，歷來學者徘徊瞻徇於文字音韵之間，而不肯由語言著眼者有以致之。 先生其亦許可生說乎？

許書所收，不僅舊文，漢代語言，亦復不少。 今欲取論根源，年代先後，奚以據限？ 如公式表六之（１）「參」或从「眞」聲，是漢時字也。 （２）「肣」爲「函」之俗，亦漢時後起字也。 則「參」「眞」二聲及「兼」「马」「今」「林」

「咸」「音」「僉」「甘」「臽」九聲，含義或皆自漢以來始相和同，或本各相通。是又審誼考音易，而考音論世難也。以諸諧聲系統既亂之音讀（切韵以降音）推求諧聲系統之音讀，又其難之尤者也。例如「禁持」義九諧聲聲母與其諧聲字之音讀比觀之，有可視爲古初複聲者若——

「兼」「禁」「僉」皆 kl 複聲。

有聲母音晚而諧聲字音較古者，若——

从「今」之「貪」聲爲古濁 g 母消失所餘之 j，是「今」聲亦當有自濁音演變之可能；

从「覃」之字皆當爲濁 d 母，而「覃」从「鹹」省聲，自覃姓之「覃」與「蕈」之爲「菌」論之，是「咸」聲原當爲 g，與 d 乃得相轉，故「今」聲有「貪」讀 tʻ 聲也，从「咸」之「感」尚讀 k 聲也；

从「𢎘」之「函」爲濁 ɣ，而與从「今」清 k 聲之「肣」相通，是「𢎘」「今」皆當有讀 ɣ，g 濁音之階段；

从「臽」有「閻」「監」「啗」，猶从「今」有「貪」，从「咸」有「感」「覃」「臽」當爲 ɣ 聲也；

「甘」聲之「箝」爲 gj，是「甘」原爲 g 也；

「音」聲聲母多與喉牙音他聲通，或初本分屬喉牙音之他聲。

大抵聲紐可按其今音（切韵以降）上推。至於韵類，惟音尾陰陽入之大齊可別，主韵音值極難估定。古音系尚無定論，注音莫若取廣韵聲紐韵部爲標準兼記等第，要不失爲音史上之記述，學者可以共喻。

是故「形符」「音準」兩事，竊以爲最關重要，固皆先生夙所啓發；至於審形考誼，察音論世，如何以定其源流孳乳，則猶待先生進而誨之也。

受業魏建功敬上，二十二年六月二十一日。

李方桂先生來書

兼士先生：

在北平與先生暢談一次，至今不忘。您又許我把大著帶走以便我細讀，更是感激！ 到了上海之後，一切零碎雜事非常之多，一直耽誤到現在，纔有空兒把大著讀完。

您在這篇著作裏蒐集材料之豐富，與用心的精密，自使我非常的佩服，尤其是您拿字作音符看，然後再用他來求音與義間的關係，不為許君的因形取義所累，這是先生的卓見，也就是右文對于古代語言上的一大供獻。

我曾對您談過，中國文字最古也不過有五六千年的歷史，而中國語言要比文字古遠的多。 從文字上的研究我們可以得到古時語言的大概，但是想要知道文字未發生以前的語言如何引申演變成文字中的語言，以及語根上的各種研究，我們就非拋開字形，而用語音作根據不可。 語音的研究，固然有借重字形的地方，但是一旦我們得了一個較可意的周秦音系，我們就可以算上了正軌，一步一步的以音作根據向上進展。 現在對于周秦音系我們知道的太少，可是這是向前推測必經的要道，日後必須有人打破此一關，然後中國語言歷史的研究纔有進境。 我覺得現在要注重的是「字既然是音符，從音符的構造上雖然可以知道當時語音的系統的大概，但是字形的分化演變，與語音語義的分化演變，是沒有直接並行的關係的。」 大著有許多借音的解釋，就是字形與音義沒有並行關係的證據，先生看清此點，乃前人所不及處。

關于字義的引申分化，我們現在闕少一部重要的著作，就是一部大辭典，把每一字在古書中的用法和出處都寫出來。 靠字典的字義，如許氏之因形取義，劉氏的音訓都是不足為憑的。 此事亟宜進行，以先生之學識，必能促成此舉。

此類研究，不患其材料之不多，但患其材料之不精確可靠，如果一字一字的音義的引申變化，從古到今，清清楚楚的明了之後，有數十字，就可粗得條例矣。 材料多而雜，則有掩沒條例之虞。 先生取材精審，必定是同意于此的。

字義的引申變化敝意可分為兩類，一類是純粹的字義的變更與音無涉的，如「聞」古義為耳聞，而今語則變為鼻聞，（方言更有以聽當作嗅講的）。 第二類字義的變跟着音變來的，如「量」（平聲）「度」（入聲）為動詞，「量」「度」（去聲）為名詞（聲調的變化亦屬音變）等，這是最單簡的。 這種變化可以很複雜，與古代文法極有關係。 不能只拿章氏成均圖的音轉條例來衡之。 換言之，古音部分極不相同之字，可以同從一語根演化出來，此中別有條例，我們現在毫未得其門徑而已。

先生在這篇文裏，注重字音，免去了許多從字形立論的弊病，這是我最贊成的。如章氏之立〔爲〕爲根，爲母猴也，於是就認〔猴〕是最初義，這是很武斷的。〔爲〕字的形，就算他最初是猴，但是〔爲〕字的音是最初有〔作爲〕義還是有〔猴〕義，實在是不能定，從〔作爲〕義不易造音符，于是從〔猴〕義得形，這是很可能的。從語根上立論，猴義之〔爲〕與作爲之〔爲〕是否有關，還不敢說。旣使有關，猴義也可以從〔作爲〕義引申出來，先生以爲然否？

草草寫了這幾句話而丁梧梓君代先生囑我作序，以我的學淺識陋，實不敢出醜，僅就我所知以報先生，還請先生指正其謬誤是幸。專此即頌撰安。

弟方桂頓首

林語堂先生來書

兼士先生：

月前由丁先生交下大著手稿，拜誦之下，欣喜無量！蓋此文將啓後人硏究漢語語根之源而爲語原學打定一基礎規模。右文說之歷史總評及所定表式，皆與弟所見契合，而對太炎文始之評語，尤弟所久欲吐之爲快者，如成均圖對轉旁轉則無所不轉矣，若不另立統系，語根之硏究，永脫不離支離散漫之弊，先生所定表式旣甚好，則此項右文表之著作又不能不急求其實現，惟亦有數點意見，可供參攷者。（一）所謂語根係構定的非確知的。西歐語言學初亦以爲確可尋求出來，後始知其爲一種〔公式〕而已，而在此種構定之語根字前，每加一小星號，以示與確見之字別。先生文中謂〔形聲爲演繹的，而推尋語根爲歸納的〕，當係此意。將來推尋之語根亦難免用小星號。（二）字原之學，最爲謹嚴，若不科以精細音理及嚴格的客觀的比附爲法則，又易爲貌似而實異之字所誤，而與劉熙班固同病。在現此音韻史工夫未做完之時，表中不妨多用問題號，以示存疑之意。（三）〔語根之分化詞〕，〔字義引伸〕及〔轉注〕三事之異同，似可討論。大著第八節（3）謂引伸義〔以形不變爲原則，（包括‘四聲別義法’在內），而分化詞〔則以形變爲原則〕，似有未當。〔語根〕應以語言爲主，非與文字（字形）切開不可，不應以變形爲原則。

弟意凡音變義變或音變義同皆語根分化詞，包括四聲別義。如此方能盡語言分化之義，而脫離字形，純立乎語言學立場。引伸義純然以義變爲主，亦與形無涉。音不變而義牽連遞變者爲引伸。但分化詞之義亦多引伸而出者。故引伸有由本字本音引伸者，有在分化詞引伸者。再「孳乳」二字，不知應如何限定用法，若限於字形，則形聲會意字皆孳乳字，若在語言學立場，「分化詞」亦可稱爲孳乳字也。又第（4）條謂轉注「因音變而後形變，義固相同也」，而分化語詞「則以意義之轉變爲前提」。弟意「轉注」解說太多，原因叔重所用「考老」字音形義三者皆有關係，因二字音近，訓近，形亦近也。故向來轉注之說或以形或以義或以音。莫衷一是。若謂「六書」專言造字原則，則轉注當以形的轉變爲第一。若言語言自身之演化，不妨謂「轉注」即係「分化詞」也。弟向來解釋轉注如此。分化詞「以意義之轉變爲前提」似太狹。弟意必欲分別轉注及分化語詞之用法，則應謂轉注係因音變而形變(義變不必說，因同一語根分化音變而來，意義自亦有關連也)，分化詞則音變義或變或不變。(不變者當然係極少數)。(四)右文誠然爲研究語根之終南捷徑，然此種工作，必然走上純粹語根研究之路上。先生右文說歷史總評第六，既已詳言「復有同一義象之語，而所用之聲母頗歧別」之理，而引「今禁」同有「含」義，「刃尼「同有「止」義等爲例。將來表中，必須將同語根不同聲母之字聯成一表，如「欠」與「慊」「地」與「底」「低」「祇」及「廣」「横」與「光」是也。（孟子言降水即洪水，與光——光被四表——横同一音變，弟意即 k 變 g 在書經至孟子期間）。推而至於近代語言「添塡」「窘窮困」「絕截」聲母雖皆不同，實即「一語之轉」，至若「憤忿」則音尙未變，只可算他一「語」，並非一語之轉也。「口袋」之袋，亦與「攜帶」之帶同源，擴而充之，當有許多發見。此一項極需要之工作，必如先生所言列表出來，始能盡量比較也。王疏廣雅，郝疏爾疋已發明此理，所要者（1）將此材料列表出來，（2）以音爲表之統系。

弟語堂八月十八日

吳檢齋先生來書

兼士兄鑑：

大著鐍讀一過，探求語原，得其條理，所立各例，皆足以開發頭角，誠希有之創作也。弟近撰六書條例，象形指事會意三部，大體已具。近方探討形聲條理，唯支節而爲之，未能一貫，故略以所見錄於大著上方，恐不能有所補益也。總括鄙見，亦有數事可言：從一聲母之字，不必卽從聲母之本形：如濔訓滿，蓋卽滿之音轉，大著以爲爾本於尼，尼止則滿，義雖可通，翻成迂曲；又如「諽，飭也，一曰更也，讀若戒」，訓更者卽用革之本形本聲，訓飭者，形雖作革而聲實爲戒，卽與誡同字矣，此類似多有之，一也。以本字釋本字者，實卽以動詞狀詞釋名詞，蓋名詞本由動詞狀詞來也。如蒙卦之名，由蒙昧來，盍徹之名，由通徹來(徹亦爲抽)，乃聲訓之最明顯者，不得以爲非例，二也。番聲之訓白，非聲之訓赤，非聲之訓肥，庚聲之訓大，皆須從連語得義。如云「番番」「菲菲」「腓腓」「庚庚」始能形容白赤肥大之意，止用單字，或文不成義。如屬連語，卽不必別求本字，以其本無假字本字之別也。說文僅出單字，不錄連詞，故不得從番求白義，從庚求大義也。又如「䁯，聲也」，「謦，欬也」，明是摹聲，卽與「句舟」「格桀」同比，不須再從䀠聲殸聲求義，明矣，三也。此外尙思得多義，亦有爲昔人所未言者，悤悤不得具說，不審有當與否，聊貢一得，以俟裁正。

弟吳承仕上二十二年九月五日夜

本書編輯時承丁梧梓魏建功二君有所商訂，並辱李方桂林語堂吳檢齋魏建功諸君專函討論，極爲感謝。李先生謂「字形的分化演變與語音語義的分化演變是沒有直接並行的關係的」；林先生謂「語根應以語言爲主，非與文字（字形）切開不可」；魏先生謂「審義考音易，而考音論世難」。諸說均足訂補鄙見之不及，贊佩贊佩！惟拙著所述仍爲訓詁的研究，而非言語的研究，故不能拋開文字，專論聲音。且鄙意以爲卽欲研究言語，亦非先將文字訓詁之體系研究清楚，殆無從著手。蓋中國字之偏旁，音義交錯，頗具微眇之消息，故雖至賾而不可亂。我輩正當於此中參悟語言文字之三昧，譬如彼釣，必待「得魚」，乃可「忘筌」。至於「考音論世」，的是研究右文之難關。以後材料漸多，古音日明，亦未始無一旦豁然希望也。本書付印時重勞魏建功，趙憩之，劉詩孫，陳祥春諸君代爲校稿，謹此聲謝。兼士附識。